LES INTERVENTIONS SURNATURELLES

MAURICE **MAGRE**

DISCOVERY PUBLISHER

2022, 1º édition, Discovery Publisher

Auteur : Maurice Magre

616 Corporate Way
Valley Cottage, New York
www.discoverypublisher.com
editors@discoverypublisher.com
Fièrement pas sur Facebook ou Twitter

New York • Paris • Dublin • Tokyo • Hong Kong

Table des matières

LES INTERVENTIONS SURNATURELLES

MAURICE **MAGRE**

PRÉFACE

Je salue un temps qui agrandira le domaine de la vie jusqu'aux régions invisibles et donnera à l'univers ses vraies proportions. On nomme encore « monde surnaturel » une partie mal connue de la planète.

Mais puisqu'on voit des régions inexplorées sur les cartes de la terre physique, au bord de l'Amazone et dans le désert de Gobi, il est normal que les régions plus vastes et plus incertaines pour le voyageur, qui demeurent invisibles à nos sens, n'aient pas encore été parcourues. Elles le seront, mais il faudra auparavant que l'intelligence humaine se développe dans la mesure de l'étendue qu'elle aura à embrasser.

J'appelle *« surnaturel »* le naturel quand il est étonnant et que ses causes sont imparfaitement connues. C'est sur ces causes que l'on ne s'entend pas. Et en vertu d'une aberration moderne et d'ailleurs locale, car elle est limitée à l'Europe, on est atteint d'un certain ridicule si on attribue les causes de ce qu'on nomme communément « surnaturel » à des êtres doués d'existence, bien qu'étant sans forme.

Après des années consacrées à l'étude du monde invisible et parti de l'incrédulité la plus absolue, je suis arrivé à la conviction profonde que ce monde était peuplé d'une vie immense et diverse, qui réagissait sur notre monde et intervenait dans certaines conditions. De cela j'ai acquis une certitude expérimentale si on tient compte que la certitude de l'esprit ne peut venir que de l'esprit et non du domaine matériel.

Dans l'horreur de ce que les gens d'une culture scientifique englobent sous le nom de *« croyance superstitieuse »*, on a inventé une divinité nouvelle à laquelle on a accordé superstitieusement des pouvoirs plus étendus que ceux des Dieux de la Mythologie grecque ou des Anges chrétiens.

On l'a appelé l'Inconscient.

Et aussitôt la foi naïve longtemps comprimée dans le cœur des savants professeurs et des membres de toutes les académies a fait faire à ce Dieu des miracles d'une nature beaucoup plus merveilleuse que ceux qu'à jamais faits saint Antoine de Padoue.

J'estime que toute personne de bonne foi et sans parti pris, qui consacrera le temps nécessaire à l'étude des ouvrages de toutes catégories écrits sur les manifestations du monde invisible, est obligé d'arriver aux mêmes conclusions que les miennes.

Le temps nécessaire dont je parle doit être à peu près celui qu'on met pour devenir docteur en médecine ou connaître à fond la physique ou la chimie. Mais la certitude négative que chacun a en soi est si forte qu'on juge l'étude inutile et qu'on nie avec la même autorité que si l'on avait la connaissance de la question.

Je n'ai la prétention que d'avoir donné des indications, des aperçus, des esquisses de points de vue, sur cette vaste question. Certains auteurs ont accumulé des témoignages probants dont ils ont tiré des explications et des conséquences différentes selon leur tempérament. J'y renvoie le lecteur.

Je me suis efforcé d'échapper au curieux phénomène qui se produit pour ce genre d'études. Tandis que, si l'on fait de l'histoire, on n'éprouve pas le besoin de prouver l'existence d'Alexandre ou de César; si l'on fait de la métapsychie par exemple, on se croit obligé d'accumuler à nouveau un monde de preuves. Rien de ce qui a été déjà établi et prouvé ne compte et il faut sans cesse recommencer.

La bonne foi n'a plus de valeur dès que l'on touche à cette question.

L'ectoplasme, la force psychique de Crooke, c'est-à-dire l'élément physique émis par un médium et qui sert de support à certaines manifestations, a été mille fois prouvé par des expérimentateurs scrupuleux et il le sera encore et toujours vainement. Ceci est un mystère plus grand que les phénomènes eux-mêmes.

Mais je tiens à dire qu'indépendamment de ce qu'on peut apprendre par la science des autres, il y a une expérience personnelle que chacun peut faire si toutefois il a pris contact avec sa propre sincérité. À celui qui appelle d'une façon désintéressée et d'un cœur pur, il est répondu. Et la réponse, comme s'efforcent de le prouver psychologues et métapsychistes, ne vient pas de lui. Ou plutôt, cette réponse comporte un élément extérieur à lui qui s'unit à sa secrète aspiration. L'appel, la prière ou l'élan – peu importe le nom – dans la mesure où il monte haut, atteint un monde où la demande et la réponse, celui qui appelle et celui qui exauce, se confondent.

De cette confusion, dans la région où les âmes sont en état d'expansion et ont perdu leurs différences essentielles, naissent toutes les erreurs. Elles naissent aussi de ce qu'au cours des efforts que fait l'homme pour atteindre cette région, il peut faire la rencontre d'une force, d'une puissance sans nom et sans forme dont la nature est variable et à laquelle il fournit sans le savoir la matière nécessaire pour se manifester.

Le caractère de cette expérience, qui peut être suave ou redoutable, est de ne pouvoir être exprimé par des mots et tous ceux qui l'ont tentée ont échoué parce qu'elle est en dehors des choses humaines. C'est l'expérience la plus probante et naturellement elle ne peut être vérifiée, ne se prêtant pas à un contrôle d'expérimentateurs, puisque l'absence de témoins est sa condition essentielle.

Mais il est impossible de la mettre en doute. Ou alors il faut récuser le témoignage des philosophes, des saints, de tous ceux qui méditent au lieu de jouir de la vie, des meilleurs entre les hommes. Et chacun peut s'élever à cette catégorie, par le jeu de sa bonne volonté et de son aspiration parce qu'il n'est pas possible que le monde soit divisé en un troupeau vulgaire d'un côté et quelques élus de l'autre. Les grands maîtres ont toujours été des divulgateurs, brisant le cadre des mystères et annonçant que Royaume et Nirvana sont pour tous.

Pourquoi, à cette expérience, est-il refusé un caractère scientifique ?

Parce qu'elle ne peut être matériellement prouvée, répondra-t-on. Mais puisqu'il s'agit d'une expérience spirituelle, comment pourrait-on donner sans absurdité une preuve physique ? La seule chose possible est d'engager chacun à la faire et de trouver ainsi sa preuve personnelle.

Celui qui fera cet essai avec une âme innocente et une parfaite sincérité en recevra une récompense immédiate d'une nature subtile, mais qui lui donnera le réconfort qui vient de la vérité mystique, différente et plus vraie que la vérité physique. Il saura qu'il existe un monde proche de lui, où il n'y a ni lutte pour la vie, ni ingratitude, ni laideur et où la beauté devient de plus en plus grande à mesure qu'on la cherche et qu'on l'aime davantage.

LES QUESTIONS ESSENTIELLES

Il y a dans la vie de tout homme adonné à la réflexion, un moment où il se pose un certain nombre de questions qu'il lui est impossible de ne pas résoudre. Quand les questions sont posées, un ordre intérieur l'invite d'une façon impérieuse à trouver une solution rapide malgré la difficulté des problèmes soulevés. Et cet ordre fait entendre en même temps qu'il y a un intérêt majeur à ce que cette solution soit trouvée, un intérêt qui s'étend au-delà du passage de la mort.

Les questions ont été posées dès le plus jeune âge. Il y a une métaphysique de la cinquième année aussi exigeante que celle qu'on étudiera plus tard au lycée. Pourquoi existe-t-on? Pourquoi y a-t-il des pauvres et des riches, des heureux et des malheureux? Va-t-on quelque part après la mort et où? Les êtres surnaturels dont parlent les religions existent-ils et interviennent-ils dans l'existence terrestre?

À ces questions les parents ont donné des réponses plus enfantines que celles qu'auraient pu formuler les enfants eux-mêmes. Les professeurs ont cru répondre en résumant Spinoza et Kant, en parlant avec émotion de Pascal, en conseillant de lire Bergson. Plus tard, quand l'homme qui a terminé la courbe de sa vie sent tardivement la nécessité de se trouver une vérité, il interroge, il cherche et il s'aperçoit que depuis que les hommes expriment leur pensée par le verbe et l'écriture, ils n'ont pas avancé d'un pas dans la solution des problèmes essentiels.

Et pourtant il faut savoir. La statue du Commandeur est là, plusieurs statues de Commandeurs. Elles veulent avoir une réponse. Elles ne s'en iront pas sans cela. D'ailleurs, celui qui a entrevu la possibilité de la connaissance ne peut plus échapper à une nécessité qui vient de lui-même. Malheur à lui s'il la repousse après l'avoir fait naître! En sortant volontairement du troupeau des ignorants, il a engendré la plus haute obligation de sa vie, la seule, en somme, qui soit surveillée par les Dieux. Pour satisfaire à cette obligation, ni famille, ni patrie ne doivent compter, ni aucun autre devoir de quelque nature qu'il soit. *« Tu quitteras ton père et ta mère »* a dit Jésus qui aurait pu ajouter: *« Je m'appelle réalisation de l'Esprit »*.

Et il y a un délai quelquefois long, quelquefois court, dont on ignore la durée, c'est le délai de la mort.

Assis à l'ombre des banyans bordant les enceintes de la ville de Rajaghra dans le nord de l'Inde, le Bouddha voyait venir à lui des ascètes, des philosophes ou des brahmanes que tourmentait l'aiguillon des questions essentielles.

Tous savaient que ce grand sage, au cours d'une méditation sous un figuier, avait fait une découverte relative au salut de l'âme. Tous espéraient être éclairés par lui sur les problèmes qu'ils se posaient.

Or, le Bouddha répondait invariablement.

— *« Ne vous occupez pas de métaphysique. La découverte que j'ai faite est relative à la suppression de la douleur. Car la vie est douleur. Ni la connaissance de l'origine du monde ni celle de votre destinée après la mort ne vous seront utiles pour la suppression de la douleur. De même que la grande mer est pénétrée d'une seule saveur de sel, de même ma doctrine n'est pénétrée que de la saveur de la Délivrance. »*

Il est à noter que personne, d'après les écrits bouddhiques, ne lui répondit jamais:

— *« Ô, Maître, la vie n'est pas que douleur, il y a aussi une part de bonheur pour chacun, serait-elle minime. »*

Car la doctrine du Bouddha n'était qu'à l'usage d'hommes très supérieurs. Il avait abandonné la maison paternelle quand il avait découvert la maladie, la vieillesse et la mort. La vie lui était devenue insupportable dès qu'il avait été empli par la pensée constante du malheur humain. *« La vie est douleur »* n'est un postulat évident que pour celui que dévore la pitié. Il faut admirer les proches disciples du Bouddha de n'avoir jamais nié que la vie était seulement douleur.

Si, par une invraisemblable hypothèse, j'avais pu, près de Rajaghra, arriver jusqu'au Maître bienveillant et fécond en apologues ironiques, sans être chassé par les disciples vigilants comme un être grossier et indigne, je lui aurais dit :

— « *Ô, Maître, ma soif de connaître est inextinguible.*

Puisqu'en remontant de cause en cause, c'est l'ignorance que vous placez à l'origine de tous les maux, pourquoi ne pas donner satisfaction à mon appétence de savoir. Fréquemment, vous avez dit aux disciples que vous saviez bien plus de choses que vous n'en laissiez paraître, que vous connaissiez les grands secrets, mais ne les révéliez pas parce qu'ils étaient inutiles à révéler. En vérité, ils seraient bien utiles pour moi! Chacun a sa loi propre. Je ne saurais me détacher sans connaître. Faites une exception en ma faveur. »

Sans doute, à cette minute de l'entretien, Ananda, homme ingénu et charmant, ou quelque disciple plus sévère, serait intervenu pour me dire que le Maître était fatigué ou que c'était l'heure de quelque frugal repas. Car même auprès des plus grands il y a des observances et des rites.

Et ce même Ananda, en me raccompagnant, m'aurait sans doute, avec sa douceur accoutumée, fait l'observation suivante. Puisque lui, Ananda, le compagnon et l'ami de toutes les heures, lui qui préparait le riz et tendait l'écuelle, n'avait pas reçu la confidence des grands secrets, c'est qu'il y avait peut-être dans l'essence même de ces secrets un élément dangereux, une puissance de découragement, une vertu de désespoir qui faisait que la sagesse conseillait de ne pas les dévoiler.

— « *Croyez-moi* » aurait-il ajouté « *puisque le Maître garde le silence, c'est que le silence doit être observé. La Loi Suprême est plus silencieuse que lui. Voyez quel art elle a déployé pour que les grands secrets demeurent sous leur voile. Il serait impie celui qui voudrait soulever ce voile.* »

Et j'aurais répondu :

— « *Je suis un impie.* »

Mais de même que l'ordre général de la nature a créé des saisons dont le retour ne peut pas être modifié, de même il entre peut-être dans ses plans de laisser les hommes ignorants des choses qui les intéressent le plus et cette ignorance est inéluctable. Dans ce cas, consciemment ou non, le Bouddha, le plus avancé des hommes, n'aurait fait que se conformer à la Volonté de l'Ordre Général dont il aurait perçu la décision.

Car il semble y avoir une organisation savante, le déploiement d'un art subtil, pour que, par exemple, la survivance de l'âme humaine après la mort, ne puisse être prouvée, de façon durable. Cette survivance est bien prouvée, mais elle l'est pour un certain nombre d'hommes seulement et pour un temps limité. Croyants et sceptiques reçoivent des preuves absolues, mais provisoires. Ces preuves sont d'un ordre tel qu'elles cessent d'être de vraies preuves dès qu'elles ne tombent plus sous le témoignage des sens.

Il en est, de même pour l'origine du monde, les caractéristiques ultimes de la matière, l'existence d'êtres supérieurs à nous, bien qu'invisibles. On dirait qu'une volonté ironique a permis à l'intelligence humaine d'être sur la voie de ces questions, mais lui retire la certitude au moment où elle croit avoir projeté sur elle son humble faisceau lumineux.

On peut supposer qu'un homme d'une grande supériorité comme le Bouddha, accédant aux vérités supérieures par l'élan de son génie intuitif, a pactisé avec la Cause Première, a compris la nécessité du secret. Plus le trésor est grand, plus le dépositaire doit être fidèle et silencieux.

L'on peut se demander aussi si la réalité entrevue par le Bouddha ne nécessitait pas le silence à cause de la grandeur de sa tristesse. Tout ce qu'il est possible de connaître de ce grand homme indique qu'il avait cette sérénité ironique qui a pour base une négation désespérée.

Mais le Bouddha n'est pas l'expression de toute la sagesse de l'Orient. Nous verrons un peu plus loin que la philosophie de l'Inde peut conduire à une joie surhumaine, celle que donne seule l'immensité de la tâche à accomplir à travers des vies que l'on peut créer de plus en plus belles par son effort.

L'INCERTITUDE DES
VÉRITÉS CERTAINES

Les colonnes du temple ne sont pas solides et dans l'intérieur du Temple lui-même, les grandes vérités éternelles que nous avons appris à vénérer ne sont des vérités que si on les regarde de face et pas très longtemps. De profil, elles ressemblent à l'erreur. Un examen trop attentif leur fait perdre leur autorité ; elles se troublent et sont incertaines.

Le physiologiste Bancrof a fait des expériences sur lui-même. Par le jeûne, l'excitation morbide, il a atteint une région mentale où des raisonnements absurdes lui paraissaient sages et pleins de logique.

N'est-il pas impressionnant de songer que le grand physicien Janssen ayant passé, pour des expériences, quatre jours au sommet du Mont-Blanc, s'est trouvé dans un état d'esprit inattendu : « *J'étais soulagé d'un poids considérable qui avait jusque-là enchaîné et alourdi ma pensée. Elle allait prendre maintenant son essor et aborder en toute liberté et amour les questions les plus difficiles et les plus belles d'un ordre moral supérieur* ». Mais alors, faut-il aller vivre sur les montagnes et y a-t-il un rapport entre la hauteur matérielle sur une excroissance de la planète et la hauteur spirituelle ?

Dieu est bon et juste, est-il dit partout comme une évidence absolue qui n'a besoin d'aucune preuve. Or, un regard impartial jeté sur le monde suffit à montrer qu'il n'y a aucune trace de bonté ou de Justice Divine, que l'on conçoive Dieu comme une personne particulière ou comme l'ensemble des Lois de l'Univers. Jamais une branche d'arbre ne s'est soulevée pour laisser passer un vieillard. Jamais une pierre lancée n'a fait un crochet pour ne pas heurter une créature innocente.

Et c'est même une chose stupéfiante que cette notion de bonté et de justice qui n'apparaît qu'avec le règne humain et dont il n'y a eu avant que des embryons chez certaines espèces animales, sans que l'ordre général en ait jamais trahi la moindre préoccupation.

Un grand cri d'étonnement devrait être poussé en première page de tous les catéchismes. Mais non. Les religions et les philosophies ont semblé satisfaites de voir le mal à la base de la création. Car la victoire du plus fort sur le plus faible qui est le ressort de la vie est bien une des formes de ce que la raison humaine considère comme le mal.

« *Je pense, donc je suis* », a dit le même philosophe qui, questionné sur ses idées religieuses par un théologien protestant, répondit : « *Je suis de la religion de mon roi* ». Plusieurs siècles n'ont pas suffi à épuiser l'admiration que Descartes a inspirée aux hommes d'Occident. Par un curieux paradoxe, il a été le conducteur myope de ceux qui avaient la religion du même roi et de ceux qui la remplacèrent par la religion de la science. Tant une myopie prudente vous donne de titres à la direction des esprits !

Les vérités indiscutées que les hommes se transmettent comme des trésors sont toutes sujettes à être révisées. La nature ne fait pas de bonds, dit-on. On peut avec autant de raison dire que la nature ne procède que par bonds. Après une préparation de neuf mois, un enfant naît brusquement. Un ciel se couvre avec lenteur et soudain un orage éclate. On pourrait multiplier les exemples.

Les mêmes causes engendrant les mêmes effets semble être une vérité absolue. Il n'en est rien. Si je sors et si je salue les passants avec les mêmes gestes, ceux que je connais me répondront aimablement ; et les autres viendront me demander la raison de cette politesse injustifiée.

Il y a des vérités à deux tranchants qui peuvent étayer les affirmations les plus différentes. « *Les semblables s'attirent, les contraires se repoussent* » a dit jadis Empédocle. Et Héraclite a affirmé avec autant d'apparente vérité : « *Les contraires s'attirent, les semblables se repoussent* ».

Les Lois cosmiques dont le devoir serait d'être immuables ont une part d'incertitude. On a découvert il y a quelques années qu'elles perdaient leur caractère absolu dans le domaine de l'infiniment petit et qu'une certaine indépendance apparaissait dans les trajectoires des soleils minuscules, errant dans les vastitudes des atomes.

Si l'on étudie la grande découverte du XIXᵉ siècle, la loi d'évolution, on voit avec étonnement des savants pleins d'une grande exigence, suivre le développement des espèces issues les unes des autres, à travers des millions de siècles, chercher avec soin les chaînons qui les joignent, ergoter sur des naissances d'os ou des formations de membranes et trouver toute naturelle l'explication que donne Darwin pour la différenciation des premières cellules originelles : elles se sont différenciées *« par hasard »*!

Ne faut-il pas en revenir à la parole de l'antique sage hindou Yanavalkya :

— *« Ceux qui s'attachent à l'erreur tombent dans des ténèbres épaisses. Ceux qui s'attachent à la vérité tombent dans des ténèbres encore plus épaisses. »*

Et pourtant il y a des choses qui sont vraies et d'autres qui ne le sont pas. Chacun a sa vérité, est encore une illustre parole trompeuse. Il y a une vérité pour tous, mais elle est difficile à conquérir.

Pratiquement, il faut savoir qu'on ne l'atteint que par des voies irrégulières, par des hommes en dehors des cadres. Dès que les hommes s'assemblent dans des réunions officielles, il y a un curieux phénomène qui agrandit leur importance et les dépouille de leurs vraies qualités. C'est par les Conciles de ses Évêques que le Christianisme a figé dans la pierre des dogmes la doctrine d'amour de Jésus. C'est une chose risible que de lire l'énumération des découvertes scientifiques et médicales que les académies de notre pays ont rejetées comme absurdes. À l'origine du Bouddhisme est un exemple éclatant de l'aberration des sages qui sont sages individuellement, mais qui deviennent insensés dès qu'ils prennent part à une assemblée et qu'ils s'attribuent un rôle officiel.

Peu de temps après la mort du Bouddha, ses disciples décidèrent de se réunir dans la ville de Rajaghra pour éviter le développement des superstitions et fixer les enseignements authentiques du Maître. Ils étaient au nombre de mille, dit l'histoire. Tous étaient pleins de sagesse. Tous avaient écouté la parole du Maître. La fraternité débordait de leur cœur. À peine réunis, quel fut le premier vœu qu'ils formèrent? Leur première décision fut de déclarer que le disciple Ananda ne pouvait siéger parmi eux, était indigne de prendre part à leur délibération. Or Ananda était sans conteste le plus digne, le plus qualifié pour parler des enseignements du Bouddha. Il avait été son ami, le compagnon de la première heure. Il avait marché à ses côtés sur les routes, recueillant la sagesse quotidienne, celle qui coule avec la pureté d'une source sur des pierres vierges. Les disciples assemblés donnaient une raison d'ordre officiel. Il y avait une sorte d'examen que n'avait pas passé Ananda et qui donnait un titre mystique, celui d'arhat. Ananda n'était pas Arhat! L'amitié du Bouddha avait moins d'importance que ce titre. Il est rapporté du reste qu'Ananda confus, s'excusa beaucoup et devint Arhat.

La lumière ne vient que de l'homme isolé, on peut même dire de l'homme méconnu. La supériorité réelle s'accompagne presque toujours du dédain des personnages importants et arrivés. Il y a une hiérarchie dans les êtres, mais comme tout ce qui est relatif à l'esprit elle n'est pas visible.

Le prestige du groupement de l'élite, de l'académie en uniforme, est si grand que ceux qui ont voulu se représenter l'élite des élites, les plus hauts initiés, ce qu'on a appelé la Grande Loge Blanche ou l'Agartha, ont décrit des hommes ou plutôt des surhommes assis autour d'un président et faisant passer des examens. Leadbeater, voyant célèbre, a même décrit dans « Les Maîtres et le Sentier » une séance où il plaida la cause de Krishnamurti, alors jeune et candidat au titre d'initié de je ne sais quel degré. La Maçonnerie comporte aussi des degrés et des grades. Mais elle ne s'exerce que pour des intérêts matériels.

M. René Guenon, dans les articles qu'il a publiés sur l'Initiation parle fréquemment d'organisations initiatiques, de communications régulières et hiérarchiques qui sont seules susceptibles d'éveiller ou de vivifier. Il y a d'après lui une Tradition transmise et des gardiens de cette Tradition. Eux seuls ont le pouvoir, sont autorisés à donner l'Initiation, en vertu d'une mystérieuse autorité légitime. Il ne dit jamais d'où cette autorité est partie à l'origine et qui a conféré les premiers pouvoirs.

Je crois volontiers qu'il y a des êtres supérieurs à tous ceux que nous avons la possibilité de rencontrer. Il me paraît infiniment vraisemblable qu'ils soient unis par des liens de fraternité et que la plus élémentaire prudence ait rendu ces liens rigoureusement secrets. Mais je pense aussi que celui qui doit être admis dans cette fraternité ne l'est pas à la suite d'un examen, après avoir reçu une Initiation. Il s'y trouve de lui-même, par le jeu de son propre développement, par les transformations successives de son esprit. Il y a un chemin qu'il faut suivre, il y a un courant qu'il faut traverser, il y a une autre rive qu'il faut atteindre. Les autorités humaines ignorent en général jusqu'au contour de ce rivage et même elles nient son existence. Ce n'est pas à elles qu'il faut faire appel.

« *Nul ne peut te guider que toi-même* », dit la sagesse hindoue. Et le Bouddha a dit à ses disciples : « *Soyez votre propre lumière et votre propre refuge* ».

EXPÉRIENCE DE LA NOUVELLE VIE

Beaucoup d'hommes, beaucoup plus d'hommes qu'on ne peut le penser, font une expérience commune en atteignant ce point culminant de la vie où l'on substitue à un idéal de bonheur personnel et de mieux-être égoïste, un idéal de perfection. Les conditions requises sont un peu de solitude, ne serait-ce que la solitude avant de s'endormir, un peu de méditation, ne serait-ce que celle du retour sur soi-même et un certain détachement.

La forme de cette expérience varie, mais l'essence est la même. Et je ne parle pas d'hommes exceptionnels par l'intelligence ou la foi. Un grand nombre de ceux qui ont fait cette expérience sont des gens ordinaires, de ceux que l'on rencontre dans la vie, mais de ceux qui sont insatisfaits et portent en eux le désir de s'élever.

Cette expérience consiste à entrer en contact avec un monde différent du nôtre. Je me hâte de dire qu'il ne s'agit pas de celui que l'on atteint par le moyen des tables tournantes, appelé astral par les uns et différemment par les autres. Bien que l'expérience se présente de façons diverses, ceux qui l'ont faite lui ont reconnu certains caractères communs pour tous.

Elle fait toucher une force immense, d'ordre spirituel. On accède à un monde nouveau et cette accession procure un état de bonheur qui n'est donné par aucun état physique. Amour infini est la caractéristique qu'on est unanime à lui reconnaître.

Ceux qui ont fait l'expérience parlent d'une nouvelle vie et d'une nouvelle naissance. Un grand nombre y voit un avertissement ou un ordre pour revenir à leur religion. Certains au cours de l'expérience ont cru reconnaître une intelligence particulière et ont pensé recevoir d'elle un enseignement ou une direction. La plupart ont vu l'intervention directe de Dieu. Tous en ont retiré un incomparable bienfait.

Quelques exemples feront mieux saisir le caractère de cette expérience.

En 1921, le docteur Fourrier qui était, avant cette date, de culture matérialiste, veillait sa femme agonisante. Il avait compris que sa fin était proche et, sous le coup de la douleur, il alla s'accouder à sa fenêtre d'où l'on découvrait la rive méridionale de l'île Saint-Louis. C'était le milieu de l'après-midi à Paris au mois d'août et il n'y avait donc pas ces ombres qui accompagnent, dans tous les récits, l'apparition d'un fait merveilleux. Le docteur Fourrier entendit avec netteté une voix lui dire :

— « *Elle va mourir. Elle peut mourir. Sa tâche est achevée. Par la grâce de sa mort, tu seras libéré.* »

À partir de ce moment, l'objectif de sa vie changea.

— « *La vie nouvelle dont j'avais reçu le germe se développa progressivement. Ma route montait vers une grande clarté et j'étais soutenu par un viatique inépuisable. Ce que furent les étapes de cette route, je ne le raconterai pas.* »

C'est dommage. Le plus intéressant, dans cet ordre d'idées, demeure toujours caché. Le docteur Fourrier a donné dans son livre le résultat des recherches scientifiques et philosophiques lui permettant de se faire une conception du monde où put entrer l'intervention d'une voix surnaturelle dont il reçut des conseils à plusieurs reprises. Des conseils donnés à cet homme de science par ce moyen anti-scientifique, il ne nous en a révélé qu'un seul en réponse à une demande faite sur la nécessité de la souffrance.

— « *Souffrance acceptée et comprise est la grande libératrice de l'âme.* »

William James a écrit une somme de ces cas, qu'on ne croirait pas, sans lui, aussi nombreux. En voici plusieurs particulièrement significatifs.

Un ami intime de William James, qu'il a questionné, lui écrit.

— « *Plusieurs fois, durant ces dernières années, j'ai senti ce qu'on appelle une présence… Je n'avais pas seulement conscience que quelque chose était là ; des profondeurs de la joie qui m'inondait surgissait l'éclatante certitude d'un bien ineffable. Ce n'était pas comme l'émotion vague que nous procure une pièce de vers, une fleur, une symphonie. C'était la puissance certaine à côté de moi d'une sorte de puissante personnalité. Une fois cela passé, il m'en restait un souvenir persistant, comme peut seule en donner la perception vive d'une réalité. Quand toute autre impression serait un rêve, celle-là n'en serait pas un.* »

Ce qui est étonnant, c'est que William James ajoute :

— « *Mon ami, chose curieuse, n'interprète pas ces dernières impressions dans un sens religieux. Il eût été assez naturel d'y voir une révélation de l'existence de Dieu.* »

Je ne vois pas pourquoi un sentiment de présence serait forcément celui de la présence de Dieu.

Un savant fait le récit de sa vie religieuse. Il a le sentiment d'être parfois en communication avec un Être :

— « *Dans tous mes ennuis, notamment dans les conflits domestiques ou professionnels, lorsque j'étais abattu ou qu'une affaire me tourmentait, je me rends compte maintenant que je trouvais de secours auprès de cet Être, Principe de l'Univers. Il était de mon côté ou j'étais du sien, comme on voudra, dans chaque difficulté qui m'assaillait. Il me réconfortait et semblait susciter en moi une vitalité nouvelle, pour que je pusse sentir sa présence secourable et cachée.*

C'est une source intarissable de justice, de force et de vérité.

Vers lui je me tournais instinctivement chaque fois que je me sentais faible. Il me tirait toujours d'embarras. »

Ce savant, ami de William James démérita-t-il en quelque chose ? Manqua-t-il de reconnaissance ou fut-il seulement trop savant ? Son cas est exceptionnel, car le merveilleux appui qu'il avait trouvé se déroba avec les années. Il vint un moment où ses appels demeurèrent sans réponse et à cinquante ans il avait entièrement perdu le pouvoir d'entrer en communication avec l'Être qui l'avait aidé. C'est aux alentours de cet âge, en général que des possibilités analogues s'éveillent chez les autres. Il faudrait connaître les détails de la vie de ce savant.

James Russel Lowell dit dans ses lettres :

— « *Pendant que je parlais, le monde spirituel se dressa devant moi, comme s'il s'élevait hors de l'abîme, avec la majesté du destin. Jamais je n'avais senti si clairement l'Esprit de Dieu en moi et autour de moi. Toute la chambre semblait pleine de Dieu. L'air semblait vibrer de la présence de quelque chose d'inconnu.* »

M. Haldey de New York raconte comment il a été délivré de l'alcoolisme.

— « *Un mardi soir, j'étais assis dans un cabaret à Harlem. Je n'étais plus qu'un ivrogne sans abri, sans amis et presque sans vie. Pendant les quatre nuits précédentes, j'avais souffert depuis minuit jusqu'au matin, du delirium tremens. J'avais souvent dit : je ne serai jamais un vagabond. Je trouverai un asile au fond de la rivière. J'étais assis là, pensif, je crus sentir une grande, une puissante, une auguste présence.* »

Il se fait enfermer pour échapper à son désir. On le met dans une cellule. « *Il semblait que tous les démons qui pouvaient y trouver place y fussent entrés avec moi. Mais ce n'était pas ma seule compagnie. L'esprit secourable qui était venu à moi dans le cabaret était présent et me dit : prie.* »

Souvent, c'est par l'intermédiaire d'un livre que l'expérience a lieu et qu'un phénomène d'ordre mystique se produit. Il y a un mystère dans le pouvoir de certains livres. Il est possible que le livre garde emmagasiné dans ses pages quelque chose de la force que posséda l'auteur et que cette force soit transmissible sous certaines conditions. La qualité de la sincérité serait alors l'élément actif de la transmission. Elle ne serait qu'un avec la matière physique du livre. L'étude de la métapsychie a révélé des choses plus extraordinaires.

Un certain colonel Gardiner, vaillant soldat d'une si grande sensualité que seule une balle dans la tête, disait-il, aurait pu l'en guérir, attendait un soir qu'il fût minuit, heure à laquelle il avait rendez-vous avec sa maîtresse. Pour passer le temps, il prit un petit livre pieux que lui avait donné sa mère et dont il n'indique malheureusement pas le titre.

— « *Tout à coup il vit la page éclairée d'une manière extraordinaire. Il leva les yeux et à sa grande stupéfaction, il vit devant lui, comme suspendue en l'air, la figure de Jésus-Christ sur la croix.* »

Une voix mystérieuse lui fait alors sur sa vie des reproches si émouvants qu'il reste assis dans son fauteuil et qu'il oublie son rendez-vous. Ce vaillant colonel n'a pas noté dans sa confession s'il y eut, comme c'eût été juste, une vision analogue pour la personne qui l'attendit en vain à minuit. Car on ne peut supposer une intervention du Christ donnant de la joie à l'un et condamnant l'autre à la solitude. À partir de ce moment, le colonel Gardiner mena une vie religieuse, d'abord tourmentée de remords, mais qui devint bientôt « *un vrai paradis intérieur* ».

C'est un livre du professeur Drummond, « *Les lois naturelles dans le monde spirituel* », livre où il y a en effet une conviction mystique assez entraînante, qui servit à éveiller l'âme d'un fils de pasteur, étudiant d'Oxford.

— « *Je sentais qu'il y avait un autre que moi dans ma chambre, bien qu'il me fût invisible. Je sentais un intense bonheur. L'esprit de Dieu me révéla mon état, avec un amour inexprimable.* »

Cet état était un état de perdition à cause, dit l'étudiant d'Oxford, de « *ce que je dépensais mon argent follement, en orgies, invitant le premier venu à boire avec moi. Quelquefois j'étais ivre toute une semaine* ».

Ce qui fut particulier dans cette révélation, c'est que, dès le lendemain, rempli de l'Esprit Divin, le lecteur de Drummond but immodérément et rentra ivre chez lui.

Alors il lui vint une compréhension plus complète :

— « *J'eus l'intime conviction que ma personne allait être détruite, que Dieu me prendrait tout. J'acceptai cette destruction totale. C'est dans cet abandon que gît tout le secret d'une vie parfaite.* »

Il est certain que cette seconde expérience fut un complément utile de la première. La remise de son existence entre les mains d'une Puissance qu'on appelle Destinée, Dieu ou Providence, peu importe, constitue une des formules de la sagesse pratique conduisant à un bonheur provisoire.

Le docteur R. M. Bucke qualifie ainsi l'expérience transcendante dont je parle :

— *« C'est en même temps une illumination intellectuelle qui suffit seule à faire passer l'individu dans une nouvelle sphère d'existence et fait de lui le représentant d'une espèce nouvelle. C'est encore un état indescriptible d'exaltation morale et d'allégresse, un aiguisement du sens moral aussi manifeste et plus important que l'illumination de l'intelligence. C'est enfin ce qu'on pourrait appeler un sentiment de l'immortalité, la conscience d'une vie éternelle. »*

Un jour, au retour d'une promenade, ce même docteur Buck fit personnellement l'expérience décrite :

— *« Tout à coup, sans le moindre pressentiment, je me vis enveloppé dans un nuage couleur de flamme. Un instant je crus qu'il y avait près de là quelque grand incendie.*

Tout de suite après je m'aperçus que le feu était en moi.

Aussitôt il me vint un sentiment d'exaltation... Entre autres choses, j'en vins non seulement à croire, mais à voir

que l'univers n'est pas formé de matière vivante, mais qu'il est une Présence vivante. Je devins conscient de la vie éternelle. Ce n'était pas la conviction que je l'aurais un jour, mais la conscience que je l'avais déjà. Je vis que tous les hommes sont immortels... La vision ne dura que quelques secondes et disparut. »

Cette dernière description m'a paru particulièrement intéressante par le fait qu'elle coïncide exactement avec le récit d'une sorte d'extase que me fit un demi-mystique. Lui aussi avait ressenti une conscience d'éternité heureuse accompagnée d'une fraternité absolue avec un univers où la vie était multipliée et auquel il était lié par une allégresse profonde.

D'autres exemples sont inutiles. L'enquête de William James a ceci de saisissant qu'elle montre le grand nombre d'hommes qui ont entendu une parole surnaturelle, vu une lumière venue de nulle part, senti une présence incorporelle. S'il est intéressant de rechercher la cause de ces manifestations, que ce soit l'inconscient de chacun, un Dieu personnel ou cosmique, le membre d'une hiérarchie supérieure à l'homme, il faut constater avant toute recherche que ces manifestations sont indiscutables.

Tout homme peut accéder à un monde supérieur. Soit en s'élevant, soit par l'obtention d'une grâce qui descend, il peut participer à une vie transcendante, être placé hors du monde de la médiocrité et de la douleur. Et il n'a pas besoin des longues étapes d'une initiation, il n'a pas besoin de l'enseignement d'un maître, ce maître qu'en Orient on rencontre quelquefois au bord de la route, mais qui est désespérément introuvable en Occident.

La Loi qui préside à tout ce que nous voyons dans le monde a voulu une certaine égalité de salut dans l'ordre spirituel. Les intelligents demeureront éternellement les premiers, mais n'importe qui peut entrevoir la lumière de la primauté, s'il est animé par la bonne intention. La qualité et aussi un peu la science de son appel suffiront pour obtenir le résultat désiré.

Certes, la lumière est passagère, la parole ne fait entendre qu'une seule phrase, la présence est fugace comme le passage de la beauté. Cela suffit pour la consolation et l'espoir. L'homme a vu ou entendu et désormais il sait. Il peut s'appuyer sur une expérience personnelle. Si petite qu'ait été la manifestation, si rapide le signe, il sait de quel côté il faut se tourner. Sa misère a des bornes. Il a entrevu au-delà de son ciel plein de nuages, des vastitudes où il sera appelé un jour à vivre.

Il y a une terrible réserve qui s'impose pour cette nouvelle vie dont la borne indicatrice apparaît au fond de l'âme de quelques-uns. La souffrance est peut-être une sorte de germe dont elle sort. Et il semble bien que la pauvreté, le manque, l'insatisfaction quotidienne en soit un élément nécessaire.

Il n'y a pas de naissance divine chez l'homme comblé de biens matériels, bien qu'à première vue cela paraisse sans raison. Il y a chez Marc Aurèle, qui réunit le pouvoir et la sagesse en même temps, une désolation dans la sagesse qui fait penser à une terre dont la perfection a, dans sa substance, une malédiction initiale et qui ne donnera jamais un rameau vert.

Chez Tolstoï, le cas est plus typique encore. La révélation a lieu. La nouvelle vie apparaît. Elle est comme un nouveau-né qui a un ulcère à la place du cœur. Ce grand seigneur est écrasé par le poids de ses richesses. Il n'est pas assez vigoureux pour les lancer au loin. Apôtre des pauvres paysans, il continue à alimenter son luxe de la rétribution de leurs travaux. Enivré par un Christianisme russe, il manque de courage pour le mettre en pratique, revêtir la robe de l'ermite qu'il sait être le véritable vêtement de l'homme détaché et vieillissant. Le bâton sur lequel il s'appuiera est tout près, au coin de la porte. Mais il ne s'en saisira que la veille de sa mort. Et s'il se décide à partir, c'est accompagné par son médecin, car il a peur.

Étrange loi de la nature qui veut que la suprême couronne spirituelle ne soit touchée que par des mains abîmées! La trop grande beauté, la trop grande sérénité sont des obstacles. Qui sait, une certaine souillure est peut-être nécessaire. Est-ce en vertu de cette compensation à laquelle se plaît quelquefois l'ordre des choses et à laquelle nous donnons le nom de justice immanente? Mais il y a une injustice immanente aussi fréquente que la justice et à laquelle nous nous refusons de penser, car il ne convient pas d'être sévère à l'égard de Dieu.

Le malheur n'est pas toujours fécond pour l'âme, mais il lui arrive de l'être. Il détruit par en dessous les croyances et les certitudes. C'est dans son pouvoir de destruction qu'est sa valeur.

Malheur et imperfection vont de pair et sont l'apanage de ceux qui marchent en tête. Ascètes du Tibet et saints chrétiens, les uns dans leur nudité immobile, les autres sous leur robe de bure, ont des corps dépourvus d'hygiène qui feraient la honte de l'homme du monde. Il y a souvent des poux sur le chemin qui mène à Dieu. D'ailleurs, le mépris de certains insectes est purement humain. Marie Alacoque, léchant les crachats des phtisiques, accomplissait un acte symbolique d'une grande portée. Elle enseignait l'atroce principe égalitaire de l'amour, atroce pour les cœurs faibles qui n'ont ni assez de courage ni assez de vision intérieure pour percevoir l'esprit caché sous l'apparente laideur.

Le procédé employé par la nature pour développer la vie spirituelle est assez analogue à celui qu'elle emploie pour développer la vie physique. Elle place un germe. Quelquefois ce germe meurt en vertu des circonstances, d'autres fois il donne un arbre avec un feuillage abondant. Le germe renferme en lui le développement futur. Mais il faut lui donner tour à tour de l'eau et de la chaleur. Cette corrélation entre les deux mondes est constante.

Mais qui place le germe et qui choisit le terrain? Y a-t-il un lent développement de notre être intérieur et le phénomène qui se produit à une minute de la vie ou plutôt à une minute des vies peut-il être comparé à la goutte qui fait déborder le vase. De toute façon, de quelle amphore mystérieuse tombe cette goutte divine?

S'il y a une Intelligence Suprême, condescend-elle à s'occuper de l'inquiétude et des appels d'un seul homme? N'est-elle pas trop occupée par des opérations cosmiques, des déplacements ou créations de voies lactées, d'une portée gigantesque? N'est-elle pas vis-à-vis de nous dans la situation où nous sommes vis-à-vis d'un atome errant dans une molécule de notre sang? L'atome solitaire n'a pas le pouvoir d'éveiller le Dieu énorme que nous sommes pour lui. Mais nous pouvons supposer une formidable Conscience Cosmique qui aurait la faculté d'examiner chaque conscience humaine et l'encouragerait, dans certains cas infiniment rares.

Nous sommes obligés de constater que cette conscience cosmique regarde avec indifférence, qu'elle ne répond pas aux appels, qu'elle est fantaisiste et immorale selon notre morale humaine. La morale divine ignore la pitié. À moins qu'elle ne soit prisonnière des rouages de la machine qu'elle a créée. Ainsi dans une machine à vapeur si la vapeur souffre et se plaint d'être pressée, le Dieu mécanicien ne peut la délivrer de la pression que par le jeu plus ou moins lent du mécanisme.

Il est peut-être plus logique et conforme à l'observation de penser que les interventions dans l'ordre spirituel sont faites par des entités du monde spirituel, par des êtres qui occupent une place au-dessus de l'homme dans la hiérarchie des créatures.

Si l'on considère l'économie générale du monde et si l'on réfléchit à la place minuscule qu'y occupe la matière, le bon sens fait penser que la véritable vie, ce pourquoi les choses sont, se trouve dans ces immenses espaces vides en apparence, qui séparent les univers. Ils ne nous paraissent vides que parce que nos sens ne nous permettent pas d'en percevoir les formes d'existence. Nous savons que l'invisible est peuplé de forces. Il est certainement peuplé de créatures aussi incapables d'agir sur nous que nous le sommes d'agir sur elles. Et les rares interventions dites « surnaturelles » que nous constatons sont dues à l'effort de ces créatures pour nous atteindre et sans doute nous aider.

Mais quel est le rouage du mécanisme de l'intervention ? Y a-t-il des amitiés qui dépassent le plan humain et nous secourent comme certaines amitiés de la vie ordinaire ? Quel est leur rapport avec la destinée de chaque homme, avec ce redoutable Karma qu'il faut subir et qu'aucune Divine Bienveillance ne peut modifier ? Et ces créatures favorables et invisibles, si elles ne viennent pas assez vite, peut-on les appeler et comment ? Y a-t-il un langage, des signes convenus ou l'élan spontané de l'âme suffit-il pour les atteindre ?

QUELLE FUT LA VÉRITABLE
DÉCOUVERTE DU BOUDDHA

Avant de se demander à qui est due l'intervention quand elle se produit, il faut savoir la mesure de son utilité, connaître l'importance du monde physique dans lequel nous nous trouvons. Y passons-nous une vie ou plusieurs? Ce monde est-il une fin en soi et devons-nous nous consacrer à lui? Ou n'est-il qu'un passage, une préparation à une existence plus complète? Qui sait? Nous n'y sommes peut-être qu'en vertu d'une antique erreur et l'aide qu'il importe d'obtenir est une aide pour en sortir et parvenir à des états plus heureux.

Le Bouddha après «quatre fois sept jours», interrompit sa méditation sous le figuier aux feuilles productrices d'ombre parce qu'il avait fait une découverte. Cette découverte concernait le monde des Dieux et des hommes – et non pas le monde des hommes seulement – et elle avait trait à leur salut.

Ceux qui sont sauvés sont ceux qui d'abord ont été perdus.

Le Bouddha avait pressenti cette découverte et compris la nécessité urgente de la faire. Il avait tenté d'y arriver par des pratiques d'ascétisme rigoureux, il avait jeûné et constaté que le jeûne n'est pas un adjuvant des facultés intuitives. Aussi il avait accepté un plat de riz au lait préparé par une excellente femme appelée Sujata. Le plat était assez important et devait suffire à sa subsistance pour plusieurs jours. Le Bouddha en fit quarante-neuf boulettes et les absorba sur-le-champ par réaction contre l'absurdité du jeûne. La découverte fut sans doute grandement aidée par ces boulettes. Aussi il faut noter que le plat de riz de Sujata comportait une légère addition de miel. Les rapports du corps et de l'esprit sont pleins de mystère.

Quand par l'illumination, la découverte relative au salut fut accomplie, le Bouddha fut joyeux et alla s'asseoir sous d'autres arbres, voisins du figuier pour comparer la qualité de l'ombrage et des arômes végétaux. Les plaisirs du sage sont incompréhensibles pour les hommes ordinaires. Ce ne fut qu'après ces plaisirs, qu'il alla trouver ses disciples et qu'il leur annonça la découverte. Il avait hésité auparavant, ne sachant pas s'il était sage de la révéler ou s'il fallait la garder pour lui.

Quelle était cette découverte ? Depuis vingt-cinq siècles, on répète à satiété que le Bouddha a découvert que la vie était douleur et qu'il importait pour l'homme d'en sortir pour entrer dans le Nirvana.

D'abord, que la vie soit douleur, cela est relatif à chacun. Ensuite bien avant le Bouddha, un grand nombre de sages de la religion de Brahmâ, professaient la même opinion que lui sur la vie et pensaient qu'il faut y échapper. Le nord de l'Inde était plein d'ascètes qui méditaient sous d'autres figuiers ou sous d'autres arbres et si leur méthode ne comportait pas quarante-neuf boulettes de riz additionnées de miel, ils n'en aspiraient pas moins à la délivrance et au Nirvana.

Qu'a donc découvert le Bouddha ? Que comptait-il dire à ces deux « *nobles sages* », les Maîtres qui l'avaient instruit et qu'il ne put instruire à son tour, car ils étaient morts ? Qu'alla-t-il révéler près de Bénarès aux cinq compagnons de ses premières méditations qu'il avait quittés pour atteindre l'Illumination sous le figuier ? Assurément il ne les rejoignit pas pour leur annoncer que la vie était douleur et qu'il fallait atteindre le Nirvana. Cela, ils le savaient bien.

Ce qu'il leur apprit, ce fut le résultat de son Illumination, ce qu'il avait vu avec l'élan de son esprit, c'est-à-dire la raison profonde de la douleur de la vie, et par quelle nécessité il fallait atteindre sans retard le Nirvana.

Car chaque homme aurait pu répondre au Bouddha : « *La vie n'est pas douleur pour moi et je préfère au Nirvana, serait-il une béatitude consciente, l'activité, la joie grossière de la vie, le contact direct avec la matière* ». Quand le problème se pose pour eux, tous les hommes du vaste Occident, et cela depuis des millénaires, se font cette réponse à eux-mêmes, sans la plus petite hésitation.

Même pour ceux-là, le Bouddha avait un argument péremptoire. Cet argument n'avait de force que pour ceux qui d'abord croyaient à la vérité de son intuition et ensuite avaient assez de connaissance pour le comprendre. Cet argument était la seule explication à son rejet systématique de la vie, à la précipitation qu'il fallait apporter au détachement.

La découverte du Bouddha provenait de la vision clairvoyante par laquelle il avait remonté le cours des temps afin d'atteindre les origines de la Terre et de connaître la Source Première de la Vie. Chez ce peuple de métaphysiciens, c'était là la question capitale, éternellement discutée. L'intuition du Bouddha lui avait permis de voir, de faire une expérience plus réelle qu'une expérience physique. La vie de la Terre primitive était à la base de ses préoccupations. C'est la Terre qu'il invoquait sans cesse à ce moment-là. L'iconographie bouddhique en apporte la preuve. Les sculpteurs qui l'ont représenté pendant la méditation sous le figuier l'ont tous sculpté avec la main droite étendue la paume en bas, montrant la Terre du doigt, pour qu'il n'y ait aucun doute.

Le Bouddha a vu la naissance de la Terre, puis le déroulement de sa vie, puis sa mort. Et il a perçu que le point de cette évolution où il se trouvait, lui, le sage assis sous le figuier, était un instant de cette mort, un instant de la longue dissolution du cadavre terrestre.

Il s'est rendu compte qu'il y avait eu pour la Terre une longue période de vie ignée. Les vrais habitants de la Terre jouissaient alors de l'élément feu, celui de la transformation perpétuelle et ils avaient émigré pour d'autres destinées quand la planète s'était refroidie et quand était apparue la monstruosité parasitaire qu'est la matière, l'écorce de mort sur laquelle ne peuvent subsister que les résidus du cadavre.

Le Bouddha par son don de vision a assisté à l'ascension des êtres du feu vers d'autres mondes, il a assisté à la coagulation gigantesque de la planète, quand le règne des essences laissa la place à la puissance de densité, à la force qui matérialise. Il a connu l'erreur des retardataires humains qui ont préféré la lente mort sur la planète en voie de durcissement.

Et en même temps que cette vision infiniment mélancolique il a vu l'unique moyen d'échapper à l'inéluctable extinction spirituelle promise aux hommes à la fin des âges. Il a vu que la grande loi inconnaissable dans sa clémence pour les attardés et les imprudents avait laissé une porte de sortie qui menait au Nirvana. On l'atteignait par le détachement, par la fin de l'ignorance, la connaissance des modalités de la Loi.

Mais pour passer par la porte, pour que l'accès du Nirvana fût possible, il a vu aussi que le temps était limité, qu'il fallait se hâter, car il a dit :

— « *Ne vous occupez pas d'autre chose ! Cela seul importe !* »

L'accession au Nirvana, c'est-à-dire à un état exempt de douleur, peut devenir, pour des causes qui nous échappent de plus en plus difficile. Les organes se matérialisent et la pensée fait de même. Les murs de la prison vont s'épaississant. Le simple bon sens indique que sur une planète qui se contracte et se durcit, l'esprit captif sera condamné à suivre la même évolution et aura de plus en plus de peine à s'élancer dans les univers immatériels. À la réflexion, c'est la conception contraire de l'esprit évoluant vers la perfection sur un monde en marche vers le néant, qui paraît absurde.

Le Bouddha craignit de ne pas être compris ou d'enseigner une vérité trop triste. Il songea à garder le silence. Mais par le même pouvoir qui lui avait montré le passé de la terre, il entrevit son avenir.

Très loin dans le futur, il discerna les ombres du véritable enfer et de l'éternelle mort. Il y aurait un temps où ceux qui avaient cru aimer la vie, qui avaient confondu l'amour physique des formes avec l'amour de la vie, s'apercevraient qu'ils sont à jamais captifs de la densité de la matière, c'est-à-dire qu'ils ont à jamais perdu la vie tellement aimée.

Les âmes non libérées comprendraient trop tard la beauté de l'esprit perdu, ce que les religions appellent peut-être, dans leur confus pressentiment, la souffrance par l'absence de Dieu.

Ce fut ce qui lui donna, jusqu'après sa quatre-vingtième année le courage d'enseigner aux hommes le chemin de la Délivrance. *« Ma doctrine est une doctrine de salut »*, disait-il.

Et sans doute entrevoyait-il dans le crépuscule des millénaires futurs, pareille, à un ossement en voie de désagrégation, cette planète gelée, traçant son ellipse inutile dans les étendues silencieuses.

Si l'on trace une courbe spirituelle qui passe à travers vingt-cinq siècles et va du figuier de Bodh Gaya à une chaire de la faculté d'Iéna où un professeur éminent enseigne la physiologie, aux environs de 1880, on est amené à faire un curieux rapprochement. La courbe unit le sage de l'Inde au savant W. Preyer qui faisait autorité en matière de science ; il fut traduit en français par Jules Soury et était encore cité dans un des derniers ouvrages de Jean Rostand.

Il faisait autorité avec la réserve qu'une de ses théories sur l'origine de la vie avait un caractère étrange et dont il était convenu qu'il fallait se méfier. Son étrangeté était de reposer sur le bon sens et d'être contraire aux théories généralement admises.

Voilà ce que disait Preyer.

La vie ne naît jamais que de la vie. L'expérience montre que les organismes vivants descendent toujours d'autres organismes vivants et qu'il n'y a pas de génération spontanée. Or, tous les hommes de science sont à peu près unanimement d'accord pour faire sortir, à l'origine, les premiers corps organisés de la matière inorganique. La vie serait donc sortie de ce qui est sans vie. Pour lui, il n'en est rien. La vie ne peut avoir sa source dans la matière brute.

« À l'origine, toute la masse incandescente du globe terrestre représentait un organisme unique, gigantesque. Le puissant mouvement dans lequel était sa substance était sa vie. Lorsque le globe commença à se refroidir, les substances qui ne pouvaient plus exister à l'état fluide à cette température se séparèrent en masses solides. »

Le protoplasma originel dont sont issues les formes connues de la vie demeura comme un vestige de l'activité vitale intense de la planète, activité qui alla se ralentissant par la perte de ses essences animées, par l'abaissement de la température.

« *Les métaux lourds, autrefois eux aussi éléments organiques, demeurèrent solides et ne rentrèrent plus dans la circulation d'où ils étaient sortis. Ce sont les signes de la rigidité cadavérique qui atteint cet antique et gigantesque organisme incandescent dont le souffle était peut-être une vapeur de fer brillante, le sang du métal en fusion, et qui, peut-être, se nourrissait de météorites* ».

Ainsi le Bouddha et le savant moderne sont d'accord pour considérer la Terre comme une planète morte dont la période de vie s'est terminée jadis avec son durcissement.

À un moment des âges, les êtres pour qui le feu était ce que l'air est à présent pour nous et que Preyer appelle «les Pyrozoaires» quittèrent la Terre laissant derrière eux une essence plus lourde, le reliquat de leur vie, destiné à vivre sur le cadavre de pierre et d'eau de leur monde refroidi. Ainsi l'origine de la vie cesse d'être mystérieuse. Il n'est point nécessaire d'imaginer une génération spontanée qui se serait produite une fois seulement au moment de la création ou, sous le nom de «panspermie», par la chute de germes à travers l'espace. La vie est née de la vie sans création brusque ou successive, comme on l'a supposé de façon déraisonnable. Elle a seulement changé d'aspect.

Si cette hypothèse était vraie et parvenait à être vérifiée, elle ne changerait rien à l'état de l'homme et à la nécessité de découvrir des méthodes mystiques pour s'élever. Mais l'homme se sachant sur un échelon inférieur de la vie aurait plus de raisons d'effort et plus de raisons d'espoir. La possibilité d'une intervention en sa faveur serait logiquement plus grande. Car plus est grande la misère de l'abandonné, plus il est difficile d'imaginer son total abandon.

LE CARACTÈRE D'URGENCE
DU SALUT

À partir du moment où l'on considère la Terre comme un cadavre, une foule de choses incompréhensibles deviennent claires. Ce n'est pas vainement que certaines écoles Bouddhistes prescrivaient, pour mieux comprendre le monde, de méditer sur l'évolution d'un corps mort et sur les étapes de la décomposition.

La victoire du mal et de la haine, la loi primordiale qui veut le triomphe du plus fort au mépris de la justice, tout cela cesse d'être une injure à la raison. On imagine aisément que sur un déchet cosmique, justice, amour, beauté ne peuvent être qu'accidentels, ne sont là qu'à titre de grâce. Ainsi sur le corps d'une bête morte où se concentre la laideur de la matière, pousse tout de même, un peu d'herbe ou une fleur et l'on ne songe pas à exiger une rose aux nuances délicates.

La vie douée d'ailes, celle qui avait en elle les propriétés spirituelles de développement sans fin a quitté jadis cette planète quand elle est devenue inhabitable. Cette vie de l'incandescence et du feu avait-elle donné naissance à des créatures animées de conscience ? C'est vraisemblable. Elles abandonnèrent l'élément spirituel inférieur, les essences non épurées que tentait l'étreinte de la matière.

Ces essences se développèrent dans des incarnations de végétaux, d'animaux, puis d'hommes. Selon la Loi Cosmique qui régente les univers bien au-delà des systèmes solaires visibles, elles s'orientèrent malgré elles vers une certaine perfection qui mène à la conscience ; mais dans la mesure où la perfection est possible sur un cadavre de planète.

Les formes parasitaires où se manifestèrent ces essences retardataires eurent leur naissance et leur apogée, puis elles commencèrent leur déclin. Non seulement il n'y eut plus d'apparitions d'espèces nouvelles d'arbres et de créatures, mais beaucoup d'espèces s'éteignirent.

La science enseigne unanimement que la terre a devant elle une immense durée de développement et chacun peut se dire à part lui-même, qu'il a bien le temps, car chacun ignore ou se refuse à croire qu'il sort d'une poussée parasitaire, issue de la mort.

Dans leur orgueil insensé, les hommes ont longtemps cru que l'univers entier était créé à leur usage et que la Terre était le seul centre habité des mondes visibles. Quand l'invraisemblance de cette croyance est apparue, il s'est créé une foule de petits idéalismes qui n'aspiraient qu'à la remplacer.

Ces idéalismes promettent à l'homme des destinées inouïes. Il y est question de perfections idéales, de conquêtes du divin, accessibles par quelques efforts, par quelques lectures. Vers cette perfection on pourrait aller sans hâte, grâce aux prodigieuses facultés humaines et aussi à la durée probable de la planète.

Un savant naturaliste, M. Naudin, a évalué la durée maximum de la vie animale sur le globe à environ une cinquantaine de millions d'années. Si l'on songe que l'homme existe depuis environ trois cent mille ans, l'avenir paraît tout à fait rassurant. Mais il en est des planètes comme des hommes et un accident imprévisible peut survenir. Aucune évaluation scientifique de la vie de la terre ne néglige l'hypothèse de cet accident.

S'il doit se produire un jour, il est déjà déterminé par les mouvements cosmiques. Peut-il avoir été pressenti ou vu, malgré l'énormité de l'échéance dans l'espace, par quelques âmes d'élite ?

Quoi qu'il en soit, ceux que les hommes ont considérés comme les plus sages d'entre eux, ceux qu'ils ont appelés des sauveurs, se sont rencontrés pour dire qu'il fallait se hâter si l'on voulait accéder au salut.

« *Aussitôt après ces jours de tribulations le soleil s'obscurcira et la lune ne donnera plus sa lumière, les étoiles tomberont du ciel et les vertus des deux seront ébranlées* », a dit Jésus-Christ et ces paroles-là, rapportées par l'évangéliste Mathieu ont le son de paroles vraies et qui ne peuvent pas avoir été beaucoup altérées.

Et il annonce encore que le Fils de l'Homme paraîtra dans le ciel sur les nuées et qu'il enverra ses Anges pour faire entendre le bruit éclatant de la trompette. Cela doit être interprété comme une promesse de secours pour les dernières créatures imprudentes qui ne se seront pas encore détachées, au moment de l'avertissement des trompettes, si toutefois les Anges emploient un tel signal.

Jésus ne parlait pas, comme le Bouddha, à des métaphysiciens, mais à des hommes très simples. Voulant leur faire comprendre qu'il était nécessaire d'aller vite, il les menaçait d'une prochaine fin du monde. Et comme il ne craignait pas l'exagération, il allait même jusqu'à ajouter :

— « *Je vous dis en vérité que cette génération ne finira point que toutes ces choses ne soient accomplies.* »

Il n'y avait donc pas une heure à perdre. Et cependant les hommes n'apportent aucune hâte à la poursuite de la seule chose essentielle, leur salut. Non seulement ils n'apportent pas de hâte, mais ils font moins d'efforts depuis qu'ils ont été prévenus par ceux qu'ils nomment leurs « Maîtres ». Un immense, un unanime élan les pousse vers une jouissance de plus en plus grande de la vie matérielle et ils donnent à ce mouvement rétrograde le nom de progrès.

« *La porte de la vie est petite. La voie qui y mène est étroite et il y en a peu qui la trouvent* », a dit encore Jésus-Christ.

Et il a insisté : « *Beaucoup d'appelés, peu d'élus.* »

Ceux qui ajoutent foi aux paroles des premiers Pères de l'Église seront impressionnés par leur unanimité à penser qu'il n'y aurait qu'un tout petit nombre d'hommes de sauvés. Par salut, ils entendaient la Béatitude Éternelle dans le sein de Dieu qui équivaut à la béatitude du Nirvana Bouddhiste, à la participation à la

Conscience Suprême.

Lequeux a publié et traduit au XVIIIe siècle le *Traité sur le petit nombre des élus* où sont rassemblées les opinions de ces Pères, hommes méditatifs et sages, qui avaient examiné le problème du nombre et professaient tous la même opinion sur le caractère minime de ce nombre

L'immense durée que l'on croit avoir devant soi, au lieu d'être une aide, est plutôt un facteur contraire, si l'on prend le chemin qui fait rétrograder. Or, par le seul fait que l'homme se trouve sur la Terre, c'est qu'il porte en lui primordialement l'amour de la matière. C'est cet amour qui, à l'origine, lui a fait abandonner ses frères spirituels partis vers d'autres destins inimaginables. Le goût de la vie matérielle est si bien le fondement de son être qu'il en a magnifié les formes, qu'il leur a attribué un idéal. Éclairé par de trompeuses lumières, il marche à rebours, dans l'ivresse de l'erreur.

Mais si vraiment l'homme a eu des Frères Spirituels qu'il a quittés il y a des millénaires, ne peut-il espérer d'eux un secours? Pour s'arracher de cette matrice de pierre, de cette tourbillonnante planète inexorablement vouée à l'ossification et au gel, ne doit-il pas compter sur des intelligences supérieures à la sienne dont le génie évolutif doit certainement comporter la pitié?

Tous les êtres ne font qu'un par l'esprit. Cette unité doit dépasser le faible amour qui peut éclore sur une planète, elle doit être cosmique, embrasser les systèmes solaires. Nous ne pouvons pas être totalement abandonnés. Nous sommes peut-être même l'objet d'une attention constante et s'il y a un abandon, il ne vient que de nous-mêmes.

Qui sait? L'intervention est peut-être la règle et c'est nous qui la repoussons ou l'empêchons de se manifester.

PRESTIGE DE LA MORT OU
MAGNIFICENCE DE LA VIE

Mais le bouddha a-t-il eu raison, ainsi qu'une partie des sages de l'Inde qui ont pensé comme lui ? Le sort de la Terre est-il désespéré et faut-il rechercher une méthode pour échapper à ce monde qui meurt, avant qu'il ne soit trop tard ? Ou bien ceux qui ont chanté la beauté de la vie ont-ils été dans le vrai ? Y a-t-il un progrès et une perfection ? Peut-on jouir légitimement de ce que la Terre nous offre tout en s'élevant sur cette mystérieuse échelle dont seulement quelques échelons nous sont perceptibles et qui aboutit on ne sait où ?

Tel est le seul problème capital.

Si l'on est logique, la première hypothèse mène au suicide. La vie dans l'Au-Delà si l'on y pénètre convenablement doit être infiniment supérieure à la vie sur cette terre. Il y a pour cela un argument sans réplique. Pourquoi la nature a-t-elle déployé tant d'efforts pour nous cacher les conditions de la vie après la mort ? C'est évidemment que ces conditions sont plus agréables que celles de la terre. Si l'on avait leur connaissance exacte, on devancerait les délais fixés. Or la nature tient essentiellement à ce que la vie sur la terre suive le cours qu'elle a prévu et dans les limites qu'elle a tracées.

Pour cela elle lance d'innombrables germes, beaucoup plus que cela paraîtrait raisonnable à un créateur qui serait humain. Elle donne au corps fragile en apparence une puissance de résistance insoupçonnable, bien plus grande que tout ce que nous croyons. En voici deux exemples.

Le général Lejeune, pendant la retraite de Russie, sur un chemin perdu et couvert de neige, voit un soldat qui a une blessure au bras où s'est mise la gangrène. Il appelle deux médecins qui passent. Ceux-ci déclarent qu'il faut couper le bras à l'homme sans perdre un instant. Celui-ci consent et ils le font avec la petite scie que possède l'un des médecins. Le soldat s'appuie sur le dos du général qui n'entend que le bruit de la scie et pas une plainte. Quand il se retourne il voit l'homme sans bras s'éloigner avec rapidité. Il l'interpelle, lui conseillant un peu de repos. Et l'autre répond, mais sans s'arrêter : « *Il y a loin d'ici Carcassonne où je veux retourner* ».

En Amérique, rapporte M. Simonin vers 1860, un Anglais employé sur un train arrêté et pillé par les Peaux-Rouges fut percé de plusieurs coups de lance et scalpé selon l'usage de ces tribus. L'Indien qui avait pris ce scalp le laissa tomber par mégarde près de sa victime. Un peu plus tard, l'Anglais revint à lui et vit sa chevelure sur le sol ; il la ramassa et il se mit à marcher le long du chemin de fer, jusqu'à la ville prochaine. Il y guérit contre toute vraisemblance et il y fit sécher et conserva la partie de son crâne qu'il avait perdue, soit comme souvenir, soit comme témoignage.

Le corps physique est très difficile à détruire, tant qu'une certaine heure, fixée pour lui, n'est pas venue. On y arrive pourtant. Mais la difficulté est bien plus grande pour le corps suivant, pour le double, qu'on ne peut supprimer que par l'usure et pour ce qui est du corps spirituel, quand toutefois il est créé, la difficulté est insurmontable.

Les sociétés humaines réprouvent unanimement la destruction volontaire du corps physique et elles ne s'occupent pas de celle du corps spirituel qui est autrement grave et qui se produit dans le temps où sa formation est récente et encore incertaine, soit par débauche, soit par excès de scepticisme, soit par la venue de ce néant qu'apporte la saturation des plaisirs.

Ni le Bouddha ni Jésus n'ont recommandé le suicide. Il n'y a du moins aucun texte à ce sujet. Mais le fait de situer toute vraie réalité dans le Nirvana ou dans le royaume du Père est une indication indirecte à ce sujet.

Trois cents ans avant Jésus-Christ, dans le Mysore, des moines, dont fut à la fin de sa vie le roi Candragupta, pratiquaient le suicide par inanition.

Les premiers chrétiens recherchaient le martyre avec enthousiasme et cette recherche était une sorte de suicide. Sainte Tecle se rendant à Alexandrie pour y chercher la mort y fut encouragée par une apparition de la Vierge. Une certaine Agathonice se jeta elle-même dans une fournaise où son frère avait été brûlé et fut glorifiée de tous[49]. Du reste Paul a dit : *« Ma vie ne m'est pas précieuse »*.

Les Gaulois considéraient le suicide comme un acte normal pour lequel il fallait seulement une autorisation.

Au XIIIe siècle, sous le nom d'Endura, les Albigeois pratiquaient le suicide et s'ils ne le recommandaient pas, ils le trouvaient louable. La vie était pour eux une œuvre maléfique qu'il convenait de quitter le plus vite possible.

Pourtant le suicide ne mène pas à l'abandon de la vie. Il est l'erreur d'une vue courte. Il n'a comme résultat que l'abandon d'une certaine forme de vie. Si on est enchaîné à cette planète et à ses transformations, ce ne peut être la destruction d'une enveloppe physique qui vous délivre. Le changement est déjà un résultat. Il reste à savoir si l'acte violent du changement causé par sa propre volonté n'augmente pas le désir de vivre et surtout s'il n'entraîne pas le retour dans une enveloppe où les modes d'existence seront plus douloureux.

Le suicide va contre la Loi de la Nature, dit-on. Mais si l'on est conduit au suicide par un enchaînement de circonstances, c'est que la Loi de la Nature l'a voulu et la résistance obstinée peut aussi bien être considérée comme une rébellion à la Loi. L'immense agencement des destinées à une telle complexité qu'il peut avoir besoin parfois du suicide de certains, soit pour permettre la vie d'autres, soit pour des causes inconnues. Mais ce qui est certain, c'est que pour être pratiqué sans inconvénient, le suicide exige un détachement de la vie physique, une appétence du monde spirituel, qu'on ne rencontre que chez les grands saints. D'ailleurs, ceux-ci se suicident souvent d'une façon indirecte, en affrontant des froids mortels, en jeûnant d'une manière exagérée.

Quand on a longtemps considéré l'absurdité de l'existence humaine, la cruauté de la Loi Divine, l'absence de pitié de la nature et qu'on s'est répété que l'essentiel était d'échapper à cette erreur immense, il vient par le jeu naturel des choses une pensée simple au point d'être enfantine, qui a une grande force.

Même si cette planète est un séjour de mal, un déchet cosmique, comme semblerait l'indiquer le pouce du Bouddha tourné vers la Terre dans certaines de ses statues, il est invraisemblable que nous nous y trouvions, revêtus d'un organisme d'une complication inouïe, avec notre conscience et sa lumière, n'ayant d'autre tâche que d'en repartir le plus vite possible. Notre seule présence et l'effort créatif qu'elle comporte, indique que nous avons quelque chose à faire, un but à réaliser.

Le Bouddha et Jésus ne se sont pas trompés. Ils ont insisté seulement sur le devoir le plus pressant, le détachement des choses terrestres. Mais nous sommes liés les uns aux autres, liés d'abord à tous les hommes, mais aussi à tous les êtres. Notre parenté est physique autant que psychique, car au cours des transformations durant les âges nous avons fait partie de toutes les familles, de tous les règnes. S'il y a une libération, elle ne doit pas être solitaire. Nous devons entraîner avec nous toutes les créatures même celles qui se tiennent sur le dernier échelon des espèces animales. S'il y a une spiritualisation, la matière doit être spiritualisée en même temps que l'homme pour une fin immense que nous ignorons.

Peut-être notre rôle est-il plus grand que nous le pensons ; peut-être y a-t-il une croissance spirituelle divine qui ne s'exerce que par le développement de l'homme et des créatures qui lui sont supérieures. Sri Aurobindo a dit :

— « *L'Âme Divine se reproduit en d'autres Âmes libérées, semblables à elles, comme la vie se reproduit dans la similitude des corps. Une seule Âme qui se libère permet à la divine conscience de soi de s'étendre en d'autres âmes sur la terre et peut-être – qui sait ? – au-delà de la terre.* »

Ce n'est qu'au stade humain qu'apparaît une idée de justice qui n'est pas visible dans les lois des choses et les choses elles-mêmes. La douleur n'est peut-être qu'une mise en mouvement, une poussée nécessaire pour les réalisations qui seules importent.

Si nous sommes les lampes par lesquelles Dieu manifeste sa lumière, notre prière est vaine quand elle s'adresse à la conscience suprême dont les âmes humaines sont les expressions les plus hautes.

Le secours direct ne peut nous venir que de créatures plus élevées, plus âgées que nous, plus dégagées de l'emprise de ce qui est matériel.

De celui qui se tient au-dessus de nous, « *dans sa lumière, sa félicité et sa paix parfaite* », comme le dit Sri Aurobindo, nous ne pouvons attendre dans notre lutte mille fois millénaire, notre chute et notre remontée, « *qu'un vaste acquiescement plein de compassion, de consentement, d'aide, une connaissance suprême que cette chose devait être, qu'étant apparue, elle doit être menée jusqu'au bout... *»

C'est à Sri Aurobindo – que Romain Rolland a appelé le plus grand esprit philosophique et religieux de l'Inde actuelle – qu'il faut revenir sans cesse comme à une source de sagesse et de vérité.

Et les conclusions qu'on peut tirer – je les tire, du moins, d'une façon simpliste et un peu puérile – de la lecture de son œuvre sont contradictoires de celles du Bouddha et conformes à la pensée de la Bhagavad Gita :

— « *Accomplissant toute action avec désintéressement et pureté de cœur il faut vivre la vie, mais essayer de la diviniser en faisant descendre en elle les forces divines.* »

Mais pourquoi parler d'un secours direct dira l'orgueilleux et pourquoi l'homme ne trouverait-il pas en lui-même les ressources nécessaires à sa marche ?

L'histoire de l'esprit nous montre la rigoureuse nécessité de ce qu'en Orient on nomme un « Gourou ». L'Occident ignore cette forme de maîtrise parce que l'esprit s'y confond avec l'intellect et les Gourous y sont des professeurs pleins de science, certes ! De trop de science ! Et qui négligent toute culture qui ne porte pas sur des éléments tangibles.

C'est peut-être cette absence de Maître qui fait naître chez certains un si ardent désir d'intervention surhumaine.

LES INTERVENTIONS
DE L'INCONSCIENT

Sous l'empire d'une aberration collective, on a tenté d'attribuer toutes les manifestations dites surnaturelles à des phénomènes de l'Inconscient.

Cette aberration a été si grande qu'elle a atteint le comique par son excès.

L'erreur initiale a été la confusion de l'inconscient, royaume inférieur de l'âme où dorment les déchets psychiques des vies passées, avec le Moi Supérieur, la partie spirituelle de notre être, aussi séparé en haut de notre conscience normale, que l'inconscient peut l'être en bas. (Il faut tenir compte, bien entendu que cette représentation dans l'espace n'a que la valeur d'une image.)

L'erreur a une origine médicale, mais elle a été assez énorme pour créer de toutes pièces, grâce à la surprise, une divinité nouvelle.

Tout ce qui sur la Terre est qualifié de merveilleux, c'est-à-dire tout ce qui relève de lois non encore connues est produit par l'inconscient. Du moins c'est ce que disent ceux qui goûtent la plénitude d'enivrement de cette conception.

Car c'est un cas d'ivresse. Certaines conceptions troublent, pendant une période, la raison humaine. Et le trouble s'exerce par l'influence du mot presque autant que par l'idée qu'il représente, peut-être en vertu de la magie des syllabes liée à l'idée de puissance qui leur est associée. Il en a été longtemps ainsi pour le mot évolution.

Du reste la magie de ce mot demeure encore. L'homme évolue. Il est fier d'évoluer. Il est le terme de l'évolution, du progrès. Il est roi de la création et une destinée radieuse lui est promise, grâce à l'évolution. «*Je suis une créature évoluée*», pense chacun. Les êtres évolués forment une élite et dès qu'on a compris le mot évolution, on en fait partie et l'on se trouve par le miracle d'un mot qu'on a pénétré et rabâché, au sommet de l'humanité.

Depuis une cinquantaine d'années, grâce au professeur Freud, la psychologie, celle de l'homme et celle du monde, a perdu définitivement son mystère. Freud a découvert l'inconscient, celui dans lequel Socrate puisait quand il voulait faire apparaître les vérités que chacun possédait à son insu, mais qu'il avait la sagesse d'appeler son démon familier quand il en recevait un avertissement personnel. De l'inconscient, Freud a fait un Dieu, le Dieu de l'homme et ce Dieu est promis à une longue existence parce que son créateur a eu la bonne fortune de le parer d'un nom troublant, inquiétant, fascinant comme disent les Anglo-Saxons. Il l'a appelé « *Libido* ».

La Libido explique tout. Et c'est très simple. Nous portons en nous notre dieu de ténèbres. Ces ténèbres sont des ténèbres libidineuses. Bien qu'étant ténèbres, ce sont elles qui voient, qui nous dirigent, inspirent nos actes et sont cause de nos maladies. Enfants, hommes mûrs ou vieillards sont animés par un énorme, un incessant appétit de sexualité. Il semble même pour Freud et ses disciples que cet appétit soit particulièrement sensible chez les enfants en très bas âge. Dix-huit mois est un âge critique où se développe une curiosité éperdue, des désirs immodérés, des perversions étranges.

La curiosité de l'enfant est presque uniquement orientée vers la vie sexuelle des parents, affirme Freud avec autorité, étendant audacieusement à la généralité des hommes, les expériences des cas morbides qu'il a eu à étudier en tant que médecin.

Et alors naît le complexe d'Œdipe suivi des autres complexes! Là encore joue la magie des mots, le prestige de l'antiquité et celui du théâtre. Ce complexe devait avoir une prodigieuse fortune. Il a charmé, ébloui les psychologues. Il fait la délectation des esprits cultivés du monde occidental. Ainsi chacun a en lui un peu de l'âme d'Œdipe! Chacun a aimé sa mère d'un amour incestueux et souhaité par jalousie la mort de son père! À peine si l'on formule quelques réserves. Car d'après Freud, l'enfant de dix-huit mois, en vertu de son horrible jalousie sexuelle, de son sadisme inné, de ses suggestions anales désire bien la mort de son père, mais après lui avoir fait subir le supplice de la castration.

On peut dire que Freud a confondu le passé avec l'avenir. L'inconscient est l'amas chaotique, le résidu de nos vies passées. D'obscures poussées, des forces contradictoires et incertaines s'en élèvent parfois et viennent jusqu'à notre conscience. Cette conscience n'étend sa lumière que sur une faible étendue. Mais elle a devant elle l'immense champ de la conscience supérieure qu'elle doit conquérir, au prix de pénibles efforts. De cette conscience supérieure vient parfois un éclair, une clarté directrice que l'on confond souvent avec le conseil de l'inconscient, rien ne permettant de distinguer ce qui vient d'en haut et ce qui vient d'en bas.

Toutes les manifestations dépassant les Lois Naturelles ont été attribuées uniformément à ce qu'on appelle l'inconscient sans connaître exactement ses limites. On a doté cet inconscient de pouvoirs beaucoup plus merveilleux que tout ce qui est imaginable dans le domaine du merveilleux. Par exemple, si un médium en état de transe se met à parler ou à écrire une langue ancienne, comme le sanscrit, qu'il ne connaît pas, c'est grâce à son inconscient. Si ce même médium, possédé par une entité inconnue ou une force non définie, lit dans la pensée d'autrui, voit à distance, retrace le passé ou prophétise des événements qui seront vérifiés vrais, tout cela est attribué à son inconscient. En vertu d'un inexplicable arbitraire, les pouvoirs de l'inconscient sont censés être infinis.

C'est là remplacer une forme du merveilleux par une autre, beaucoup plus invraisemblable. Mais c'est surtout dans l'explication des rêves que l'erreur de Freud s'est montrée éclatante.

« *Écartons la distinction de conscience supérieure et de conscience inférieure* », a dit Freud bien à tort, écartant par cette parole la seule explication lucide de tous les phénomènes qu'il expose. « *Cette distinction paraît accentuer l'identité du psychique et du conscient,* »

Et il a dit ailleurs :

— « *Quand le rêve semble s'amuser à représenter le corps de façon*

symbolique nous savons que ce n'est que le résultat d'imaginations in-
conscientes. »

Or, le rêve se livre fréquemment à cet amusement.

Dans quelle mesure « *des forces obscures venues du fond de l'âme* »,
peuvent-elles s'amuser ? Et si dans leur amusement elles se servent
d'un langage symbolique précis, spécial, inusité, on est bien obligé
de penser que pour avoir découvert cette symbolique surprenante,
il a fallu que les forces obscures soient animées d'une certaine
conscience.

Pour Freud et ses disciples les rêves ont une grande importance
comme révélateurs de l'être. Mais les psychanalystes ont fait table
rase des anciennes conceptions relatives aux rêves. Pour eux les
rêves sont, sinon uniquement, du moins pour la plus grande partie,
l'expression de cette formidable Libido intérieure que nous portons
en nous. Et leur symbolique est à la fois très compliquée et très
simple. Toutes choses ou presque toutes, symbolisent les organes
sexuels mâles ou femelles. Les symboles dépassent même pour eux
le cadre des rêves et s'étendent aux croyances, qui sont des sortes de
rêves collectifs.

Ainsi les nains et les gnomes, les lutins du Folklore, ne sont pas
comme on l'avait cru ingénument les représentations des arbres et
des sources et des forces de la nature[59]. Ils n'ont d'autre origine que
la conception d'un petit homme comique enfanté par les récits des
femmes. Or un petit homme comique est évidemment un phallus.
Il en est de même du personnage populaire qu'est Polichinelle. N'a-
t-il pas le nez crochu ? Ce nez est un phallus. Et si ce nez ressemble
à un bec d'oiseau, c'est que le bec d'oiseau est aussi un symbole
phallique. Et puis ne manie-t-il pas un bâton ?

D'ailleurs « *les organes génitaux peuvent être représentés dans le rêve*
par d'autres parties du corps ; le membre viril par la main ou le pied,
le sexe féminin par la bouche, l'oreille ou même l'œil ».

Et il en est de même pour un chapeau de paille, un tuyau de che-
minée, un couloir obscur. « *Les crayons, les porte-plume, les limes à*
ongles, les marteaux et autres instruments sont incontestablement les

représentations symboliques de l'organe sexuel masculin. »

Et aussi les ballons, les avions et les dirigeables Zeppelin, parce qu'ils ont la propriété de s'élever en l'air sont pour cette raison d'aussi incontestables symboles du même organe.

Un exploit consistant à sauver sa propre vie figure l'acte de la génération avec la même évidence que la chute d'une dent a pour sens la castration.

Si sur ce point particulier et à titre d'exemple on se reporte au « *Livre de l'interprétation des songes* » d'Artemidore d'Éphèse, on voit que la perte des dents, selon la place de celles-ci, signifie perte d'un parent ou perte des biens ou maladie suivie de convalescence sans aucune intervention d'opération ayant trait au sexe. Or, le livre d'Artemidore représente la coordination de tous les travaux de l'antiquité sur les songes, la comparaison avec un grand nombre d'ouvrages perdus et une expérience mille fois plus grande que celle qui provient de l'étude des névrosés de Freud.

Il serait vain de s'appuyer sur le seul bon sens pour contredire la théorie de la science des rêves de la Psychanalyse. Le bon sens n'est pas une raison suffisante. Beaucoup de choses vraies vont contre le bon sens.

Mais chacun, par l'étude de ses propres rêves pourra se démontrer à lui-même que toutes les images nocturnes n'ont pas pour origine une appétence sexuelle intérieure, une occulte obscénité. Nous avons en nous d'autres puissances cachées et il y a même pour un petit nombre, un tout petit nombre, un appétit de perfection qui permet dans la vie quotidienne de contempler un tronc d'arbre s'élevant rigidement vers le ciel sans évoquer aussitôt un sexe mâle...

Les grandes erreurs ne remportent des succès éblouissants que lorsqu'elles renferment une part de vérité. Ainsi elles ont à la fois le prestige de la vérité et l'immense séduction paradoxale du mensonge. Freud, appliquant d'abord à la médecine la philosophie de Hartman, a eu l'idée de donner comme régent de cette immense force inconnue qu'est l'inconscient, le vieux péché théologique, la luxure, et cela dans un temps où l'on brisait les freins moraux et où chacun se reconnaissait le droit d'être luxurieux à son aise. Mais la luxure a six frères aussi vieux que l'âme humaine qui réclament leur place usurpée. Déjà, chez maints théoriciens, l'idée de puissance, ou l'orgueil, tend à détrôner la Libido.

Il y a une sorte de mystification philosophique et une myopie de l'esprit à dire que l'homme est déterminé par son aveugle inconscient. L'inconscient vient de profondeurs infiniment plus lointaines que celles de l'enfance. Il compose le bloc obscur des expériences accumulées dans les vies passées. Il est impossible que Freud ne l'ait pas vu. Mais un savant occidental pouvait-il le dire? Il était limité par la conception première qu'il se faisait de l'âme humaine et qui ne comporte qu'une seule vie, celle qui est visible.

C'est une conception analogue, le désir de nier toute survie après la mort, qui pousse un grand nombre de métapsychistes à attribuer toute manifestation dite surnaturelle à l'inconscient. Certaines apparences leur donnent raison. Comme si elle avait le goût d'égarer la recherche humaine, la nature a voulu que des causes différentes produisissent des effets semblables.

Ainsi il arrive que certains médiums, au cours d'une même séance, font usage tour à tour de réminiscences personnelles et des suggestions d'une entité extérieure à eux, sans qu'il soit possible de déceler le moment où la cause change.

L'inconscient peut être assimilé à l'ignorance dont parlait le Bouddha et qu'il enseignait être le plus grand ennemi de l'homme parce qu'il est le chaos informe du passé où se débattent les appétits animaux, les vieilles peurs des âges révolus.

Plus tard les Chrétiens l'ont appelé Satan et lui ont donné parfois le titre freudien de «prince de la concupiscence». Le bouc, la bête libidineuse le symbolisait au sabbat. Dans l'ignorance dont parle le Bouddha, dans le Satan chrétien, les psychanalystes ont voulu voir les assises directrices de notre âme. Ils se sont trompés ou plutôt ils ont exagéré. Ils n'ont pas tenu compte de notre conscience supérieure qui est le véritable moi, si péniblement extrait de vie en vie de tous les réflexes inférieurs, celui qu'un psychanalyste éminent M. Jung a tardivement cru découvrir et appelé l'homme céleste.

Y A-T-IL DES
INTERVENTIONS DIVINES ?

Un esprit infini peut faire mouvoir le monde, mais sans avoir conscience de ses détails, à la façon dont notre propre esprit fait mouvoir notre corps. L'atome errant qui circule dans notre sang a beau crier et gémir et s'étonner de cette mystérieuse course dans les veines, nous ne le savons pas et si son inquiétude arrivait jusqu'à nous, elle nous laisserait indifférents et nous ne pourrions y apporter aucun remède ou un remède très indirect.

Cela n'est qu'une hypothèse et la plus affreuse. Elle est loin d'être la plus vraisemblable. Il est probable que nos rapports avec l'esprit infini sont tout à fait différents. Mais y a-t-il entre nous et lui une communication possible ? On est tenté, a priori, de faire une réponse négative. Et cette réponse sera différente s'il s'agit de communication avec les puissances intermédiaires qui s'échelonnent entre nous et l'esprit infini dans la création. Car si l'on écoute la puissante logique de l'intuition, il est incroyable que l'homme soit justement le terme d'un développement qui part du minéral et que nous voyons arriver à lui, visiblement inachevé.

L'Esprit Infini, appelé habituellement Dieu, est l'impulsion qui communique à tout instant et sans arrêt le mouvement et la forme aux créatures. Il est la poussée inlassable de la croissance. C'est aussi un pouvoir de répartition de force et d'équilibre. Sa faculté d'effort est morcelée dans les êtres, mais s'exerce d'une façon permanente par l'équilibre. Il n'y a, pour lui, ni temps ni espace et notre cerveau est trop limité pour concevoir son intention générale.

De grands philosophes hindous ont dit que l'œuvre du monde était un jeu divin. Mais s'il ne s'agit que d'un jeu, même s'il est le fait d'une conscience immense, la douleur humaine ne se justifie pas. On peut la trouver juste si elle sert à une œuvre admirable, mais elle est injuste si elle est causée par une simple récréation. Injuste, il est vrai, de notre seul point de vue humain. Et puis le jeu comporterait des surprises, des arrêts. On n'y discernerait pas cette obstination, cette continuité implacable dans l'organisation. S'il y avait jeu, un insecte de temps en temps deviendrait géant. On verrait un homme rapetisser. Tandis que l'observation de la loi est rigoureuse. On voit continuellement qu'il y a une intention générale plus sérieuse qu'un jeu et dont la douleur du monde est la preuve. Mais de cette intention, nous ne percevons qu'une partie trop petite pour la comprendre.

On dirait souvent que la Nature se livre à une recherche. De mêmes espèces servent à des buts divins d'un ordre différent. Les abeilles et les fourmis ont pour idéal l'édification d'une société bien organisée où règne le bien-être matériel. Rien de tel chez les papillons qui ne sont nullement sociaux, n'ont d'autre but que de montrer des couleurs d'ailes, un petit tableau ambulant. Or, certaines espèces de chenilles vivent en société et se construisent des abris communs. Il y a donc des insectes dont l'aboutissement est la vie sociale et d'autres qui commencent par l'existence en communauté dans l'état primitif de chenille, pour produire un individu éclatant, tissé d'une matière exceptionnelle et porteur de beauté. N'y a-t-il pas là des traces d'une expérience supérieure, consciente et où l'amusement se partage avec la recherche vers un résultat ?

Il y a dans les profondeurs de l'océan où tout est ténèbres des crustacés d'un rouge éblouissant. Quel est l'œil qui voit de telles couleurs ?

Darwin avoue lui-même que certains signes chez certains animaux n'ont aucune relation avec leurs conditions d'existence. Par exemple les marques du pelage d'un lion ou d'un merle sont sans utilité et n'ont pas de rapport avec les influences subies. On dirait qu'un peintre a voulu compléter par une note de couleurs un tableau d'ensemble.

La bizarrerie ne fait pas reculer l'esprit qui a présidé à la création. Dans les vastitudes des mers, certaines femelles de poissons sont exposées à ne jamais rencontrer leur mâle. Une solution a été trouvée à cette difficulté. Elles portent, attaché à elles sous leur abdomen, un mâle nain. On est obligé pour expliquer ce cas de penser à une intervention directe et un peu comique de la volonté générale.

Les Lois qui meuvent le monde sont immuables et toujours respectées, sinon respectables à notre point de vue myope. Cependant il y a un principe qui est au-dessus d'elles, c'est l'équilibre. Quand il va être détruit, il est rétabli et parfois même en violant les lois. Cela semble indiquer qu'il y a un but qui n'est pas perdu de vue et qui doit être réalisé.

On n'a pas une assez grande expérience de la vie de la planète pour dire que la pensée divine s'occupe des développements humains en faisant surgir, au bon moment, les catastrophes cosmiques. D'après notre courte vision, ces catastrophes ont lieu par hasard, mais le hasard n'est que l'obéissance à un entrecroisement de lois que nous distinguons mal.

Les hommes sont-ils châtiés ou favorisés par des déluges ou des soulèvements géologiques ? Rien ne le prouve et il n'y a aucune corrélation entre le bien et le mal, du moins tel que nous le comprenons et les grandes catastrophes. Mais l'expérience divine consiste peut-être à laisser à l'effort des hommes le soin de se perfectionner sur une planète indifférente qui soupire par les volcans et secoue au hasard les tempêtes et les océans. Cela, afin de donner plus de mérite à leurs expériences qui n'en auraient aucun s'il n'y avait pas de difficulté à vaincre.

C'est supposer à l'Esprit Divin une grande puérilité et aussi une certaine cruauté que de penser qu'il a lancé pour se jouer des créatures conscientes dans un monde de douleurs. Il est plus raisonnable de voir chez lui une contrainte, d'imaginer que c'est malgré lui que s'exercent tant de misères, qu'il est soumis à une loi d'effort qui le dépasse, une loi qu'il comprend peut-être, lui, à cause de la vastitude de sa pensée, mais qui peut très bien lui échapper comme elle nous échappe.

L'Être Infini a peut-être une obligation divine de souffrir dans les parties de lui-même que nous sommes et grâce à notre lent perfectionnement il acquiert des béatitudes qui seront aussi les nôtres. L'ensemble de la souffrance est peut-être une nécessité dont la totalisation est indispensable à quelque grand œuvre inconnu. L'immensité de l'Être Divin l'empêche d'entendre nos plaintes quand nous souffrons et il souffre peut-être avec l'ensemble de nos douleurs. S'il a la perception de nos plaintes, il les traite comme nous traitons les souffrances de notre organisme quand nous avons fait, par exemple, une trop longue marche et que, pour atteindre le but où nous nous reposerons, nous maîtrisons la souffrance de nos pieds blessés ou de nos reins fatigués.

Sa perfection se réalise par la nôtre et l'élévation toujours plus grande de nos pensées est le produit sublimé vers lequel tend l'effort cosmique.

L'aide que réclame le faible au milieu du mal de la vie ne peut lui venir que des êtres supérieurs, des hiérarchies qui s'étagent entre lui et Dieu et qui sont liés à l'homme par une fraternité analogue à celle qui joint l'homme à l'animal. Il faut souhaiter que ces êtres supérieurs, pour l'aide que nous leur demandons, ne prennent pas exemple sur le traitement que nous faisons subir à la hiérarchie placée au-dessous de nous.

LE DÉCLIN DES INTERVENTIONS
SURNATURELLES AU XVe SIÈCLE

Les interventions surnaturelles furent plus nombreuses dans les temps passés que dans les nôtres. Et elles furent même plus nombreuses que nous n'en avons connaissance parce que l'Église frappait de peines redoutables ceux qui étaient accusés d'un commerce quelconque avec l'au-delà. Un grand nombre de phénomènes surnaturels durent être tenus secrets. Il a fallu le puissant attrait patriotique des voix de Jeanne d'Arc pour qu'elles retentissent très haut et que leur résonance gardât cette force en arrivant jusqu'à nous.

On dirait que le monde physique a eu, il n'y a pas encore très longtemps, certaines portes ouvertes qui se sont fermées. Quelle a pu être la cause de ce changement? Comment une transformation excessivement lente peut-elle être perçue de façon sensible? Nous ressentons dans le domaine matériel les effets de modifications qui s'exercent pourtant sur une grande échelle. L'axe de la Terre se déplace très lentement selon notre conception du temps, nous dit la science. Et pourtant des déplacements de mers, des modifications du rythme des saisons ont, dans leur lenteur, certains à-coups que nous pouvons remarquer. De même dans le domaine psychique, une évolution invisible se décèle parfois par une brusquerie inattendue.

Steiner a donné, sinon une explication, du moins une affirmation de ce phénomène. Ce n'est qu'au XVe siècle, d'après lui, que le double éthérique de l'homme aurait été définitivement lié au corps physique. Les architectes divins n'auraient terminé qu'à cette époque tardive cette œuvre complexe qu'est l'humain. Cela n'est invraisemblable qu'au premier abord. Si une construction ne devient définitive que dans la durée, il y a un moment du temps où est posé le point final. Le travail d'adaptation est alors légèrement précipité. Ce point final a pu être définitif au XVe siècle. Tant que l'homme physique n'était pas totalement uni à son double, il pouvait avoir des fuites, des aperçus sur l'au-delà. Après, cela est devenu beaucoup plus difficile. L'homme qui ne voit plus que par ses sens cesse de croire à un monde avec lequel il n'a plus de communication. Ce qui était déjà exception devient encore plus rare.

Dès le XVIe siècle a commencé un grand mouvement de négation qui avait le prétexte illusoire de l'amour de la Vérité, mais d'une Vérité incomplète, car par vérité on entendait ce qui était corroboré par le témoignage des sens, négligeant la vérité divine.

Il y a eu, avant nous, de longs millénaires où les communications avec un autre monde étaient infiniment plus fréquentes qu'aujourd'hui. Mais dans ces époques reculées, il y avait déjà des hommes semblables aux hommes matériels de notre temps, avec un corps éthérique bien adhérent au corps physique. Pour ceux-là aucune rumeur secrète, aucune communication

Épicure n'a vu que des arbres dans son jardin. Les matérialistes romains n'avaient pas de Daïmons pour les conseiller.

L'affirmation de Steiner peut être vraie pour les nouvelles races qui se sont formées en Occident avec les invasions barbares. Durant tout le Moyen Âge, ce que l'on met sur le compte des superstitions, d'un aveuglement grossier, doit avoir d'autres causes. Tout ce qui dépassait les lois naturelles était alors uniformément attribué au Diable. Nous avons cessé de croire au Diable en tant qu'entité active et nous nions tout ce dont il avait pris la responsabilité.

Mais une grande partie des phénomènes qui lui furent attribués tenaient peut-être à ce que les hommes avaient dans leur organisation physique et éthérique une porte ouverte sur l'au-delà. Il y en a des signes.

« Nous ne pouvons guère nous faire une idée de l'extravagance et de l'émotivité médiévales », dit M. Huizinga qui peint le déclin du

Moyen Âge comme le règne de la passion. L'exagération de la douleur et de la joie, l'absence de mesure et d'équilibre sont les caractéristiques d'hommes imparfaitement terminés. Le sadisme est
exagéré. La ville de Mons achète un brigand à un prix exorbitant
pour le plaisir de le voir écarteler « *ce dont le peuple fut plus joyeux
que si un nouveau corps sain était ressuscité* ».

Beaucoup d'écrivains mélangent des obscénités à des poèmes
pieux, sans doute parce que la part n'était pas faite entre la souillure et l'adoration. Il y a des manifestations de sensibilité qui sont
incompréhensibles pour nous. Quand Gilles de Rais est conduit au
bûcher pour avoir atrocement mis à mort des enfants en bas âge,
la foule marche derrière lui en pleurant et en priant Dieu pour son
salut et après, « *les parents font fouetter leurs fils au sang pour que
l'impression du supplice soit inoubliable* ».

Les moines prêcheurs comme V. Ferrier, dominicain confesseur
de Benoît XIII, ou frère Thomas, éloquent imposteur des Flandres,
obtenaient d'inimaginables succès. La foule sanglotait ; ils étaient
obligés de s'interrompre pour sangloter avec elle. Des malfaiteurs
tombaient à genoux pour confesser leurs crimes. De riches habitants abandonnaient leurs maisons pour les suivre et devenir pèle-
rins derrière eux.

C'est à la fin du Moyen Âge que certains auteurs religieux voient
une recrudescence du culte de l'Ange Gardien. Y eut-il une assi-
milation inconsciente de ces entités protectrices du catholicisme
avec les créateurs invisibles dont Steiner suppose le départ ? Est-ce
le sentiment d'une solitude nouvelle qui allait obliger l'homme à
plus d'effort, qui fut-la cause de ce culte, car on aime davantage ce
qu'on va perdre et d'autant plus qu'on en a tiré du réconfort ? Il est
difficile de donner une ferme réponse.

L'hypothèse par laquelle la forme humaine ne fut complète et
achevée qu'au XVe siècle explique l'origine du matérialisme qui
devait suivre et arriver à son épanouissement dans notre époque.
L'homme abandonné à lui-même se crut le maître de la Terre, il
crut la Terre faite pour lui, il donna libre cours à son orgueil. Le

monde spirituel qu'il sentait encore autour de lui s'était dérobé. Un équilibre nouveau l'empêcha d'en avoir les vagues perceptions qui l'avaient entretenu jusque-là dans la croyance au merveilleux. Il ne personnifia plus comme avant, les forces de la nature. Il n'eut plus besoin de se représenter les idées par des êtres symboliques. Il se crut désormais seul dans le monde matériel et maître de cette solitude. Il devait rapidement se rendre compte des bornes de pierre qui le séparaient de la vérité.

Que de fois on voit une ébauche réussie, soit en sculpture, soit en peinture, qui perd toutes ses qualités quand l'artiste veut l'amener à la perfection. Il en est peut-être ainsi de l'homme. Les architectes divins ont montré trop d'application. On dirait que l'homme est davantage enfermé dans une prison que lorsque Platon se plaignait de cette captivité. Il ne peut plus communiquer avec les mondes qui l'entourent. Il en est si loin qu'il n'y croit plus. Et cette incrédulité est une des causes de son malheur. Il étouffe dans sa solitude. Il a besoin que soit rouverte pour lui la porte qui permet de voir l'immensité complexe de l'univers.

ANGES ET GÉNIES DEPUIS
ISAÏE JUSQU'À LENAIN

Les anges et les génies sont mal connus et leurs hiérarchies, bien que classées par les religions et les observateurs de l'au-delà, sont mal définies. L'erreur essentielle à leur sujet, ce qui fait qu'on doute de leur existence, c'est qu'on leur prête une forme, un corps à l'image du nôtre, tandis qu'ils en sont dépourvus, qu'ils ne sont qu'une force.

Un être peut avoir une existence réelle sans que cette existence soit matérialisée par un corps. Les moyens de perception pour ces êtres ne s'exercent pas par les sens et la perception peut n'en être que plus complète et plus vaste. La nature a imaginé un curieux va-et-vient entre la vie dans un corps, la vie centralisée dans un assemblage de matière et la vie dispersée, pendant laquelle l'être est répandu. Cette dernière vie est la forme d'existence qui suit la mort et précède une nouvelle naissance. L'égoïsme est l'état normal de la vie dans le corps, l'amour l'état normal de la vie sans corps. Mais ceux qui ne sont pas préparés à la dispersion souffrent de ne plus être centrés dans un corps, source de plaisirs physiques. Ils se hâtent de chercher une matrice qui leur permettra de retrouver ce qu'ils ont perdu. Leur hâte les précipite au hasard dans des naissances hâtives et douloureuses dont le choix est d'autant plus mauvais que leur conscience est plus vague, leur précipitation plus grande.

La réciproque est vraie. Ceux qui ont longtemps joui de l'euphorie procurée par la non-séparation, souffrent d'être emprisonnés dans la forme et se considèrent comme en exil dans le monde physique.

Les êtres sans corps dont la variété est grande apparaissent parfois aux vivants, revêtus d'une apparence extérieure. Cette apparence n'est pas un vain songe. Elle provient de deux éléments. L'un est apporté par le vivant qui désire percevoir au moyen de ses sens l'être qu'il invoque, l'autre est le désir de se manifester de l'entité invoquée. Une apparition est le résultat de la réunion de ces deux forces subtiles et est, naturellement, de nature très subtile elle-même. C'est l'entité qui est la cause de l'apparition, mais le détail de sa forme est donné par celui qui invoque. C'est pourquoi deux hommes de religion différente, appelant ensemble pourront voir au même endroit, l'un un ange catholique, l'autre un Deva hindou : l'un Jésus, l'autre Krishna. La diversité des images n'est pas un argument pour prouver qu'elles sont des créations imaginaires. Elle veut seulement dire que la force qui se manifeste tombe dans le moule invisible qui lui est offert et s'y conforme.

Les Anges chrétiens sont les descendants des Anges bibliques. Les prophéties de la Bible parlent souvent d'Anges, mais sans bien distinguer leurs pouvoirs et leurs attributions dans le monde. Ils sont appelés Élohim dans la Genèse. Jacob parle d'un lieu où les Élohim se sont montrés à lui. *« Ceci est un camp d'Elohim »*, dit-il en en voyant toute une troupe. Et ce sont des *« manifestations Élohim »* qui montent et descendent le long de l'échelle célèbre qu'il a vue en songe.

Isaïe, prédisant la ruine de Babylone, dit que cette cité sera la demeure des Sehirim et il prédit aussi que les Sehirim et « la Lilith » erreront dans le pays d'Edom. Nous verrons plus loin la nature des interventions de cette Lilith et comment elle sortit du pays d'Edom.

Saint Paul parle des Anges, mais assez négligemment, comme quelqu'un qui est certain de leur existence, mais n'est pas absolument renseigné sur les modalités de leur vie et préfère ne pas avoir à s'expliquer là-dessus. Il faut arriver à Denys l'Aréopagite dont la personnalité est incertaine, mais dont le livre est demeuré, avec la force vivante qu'ont les livres, pour voir l'existence des Anges affirmée avec certitude et pour apprendre leur classement par ordre de puissance.

« *Les mystères qui concernent les pures intelligences ne sont pas accessibles à l'homme* », dit l'Aréopagite. « *C'est pourquoi nous ne voulons rien affirmer de notre chef, mais exposer selon nos forces, ce que les docteurs ont vu dans une sainte intuition.* » De quels docteurs veut-il parler, puisque c'est lui, l'Aréopagite, le docteur le mieux informé, le docteur sur lequel repose toute connaissance angélique ?

Il y a d'après lui trois Hiérarchies, divisées chacune en trois Ordres qui s'échelonnent en partant de l'homme, jusqu'à celui qu'il appelle « *le Père des Lumières* ». Neuf qualités d'Anges différents dont l'énumération de trois formèrent le vers célèbre de Baudelaire : Les Trônes, les Vertus, les Dominations !

Denys l'Aréopagite est plein de réserve touchant les activités des êtres angéliques. Il explique certains symboles qui leur sont propres, par exemple « *la nudité des pieds fait comprendre que leur activité n'est pas comprimée... Les lances et les haches qu'ils portent expriment la faculté qu'ils ont de discerner les contraires* ». Mais ses explications ont une froideur raisonnable, une logique qui ne semble pas provenir d'une expérience directe.

D'ailleurs, cette expérience directe, il ne se flatte pas de l'avoir eue. « *D'après les doctrines de nos illustres maîtres* », dit-il. Il parle de « *notre tradition sacerdotale* ». Et, s'adressant à un personnage appelé Timothée, il lui dit au cas où celui-ci aurait des lumières plus grandes que les siennes : « *Faites-moi part de votre bonne fortune, car mon amour pour les saints Anges se réjouirait de posséder sur cette question des données plus claires.* »

C'est pourtant d'après ses données insuffisamment claires de son propre aveu que les Pères de l'Église ont épilogue à perte de vue. Où habitent les Anges ? Quel est leur nombre ? se demandèrent-ils. Augustin affirma avec force qu'ils n'étaient plus susceptibles de péché et saint Thomas découvrit que les trois premiers ordres qui composent la première hiérarchie, plus les Dominations, ne s'occupent pas du genre humain et que leur transcendance le dépasse de beaucoup. Il donna des affirmations d'une grande précision. Il déclara par exemple que Gabriel appartenait à l'ordre des Archanges, tandis que Michel faisait partie des Principautés.

Corneille Agrippa a consacré une partie de sa Philosophie Occulte aux différents esprits qui travaillent à l'activité du monde. Ils sont pour lui de trois sortes. Il y a les esprits surcélestes dont l'occupation n'est pas définie, les intelligences célestes qui mettent en mouvement les étoiles et les Daïmons qui s'occupent des choses de la terre et des hommes. Ces trois sortes d'esprits correspondent aux divisions chrétiennes et à celles des anciens Hébreux qui admettaient des Ophanim, des Malachim et des Chérubim.

Pour Corneille Agrippa *« comme chaque pays a son étoile certaine au ciel, l'homme a aussi pour lui dans les hiérarchies surcélestes une intelligence qui le gouverne et qui le protège avec une infinité d'autres esprits ou Daïmons de son ordre ».*

Cette intelligence gouvernante a une prédilection pour certains pays, un rapport avec eux. Il faut donc connaître ces pays et les habiter de préférence à tout autre. Il y a aussi une étrange affinité entre le nom que l'on porte et le génie directeur de chaque homme. *« Les propriétés des noms sont les indices des choses mêmes et en changeant de nom, il arrive souvent que les choses changent. »*

Chacun a un grand intérêt à découvrir la nature de son génie. Les sages de l'Antiquité faisaient cette découverte par le moyen de l'astrologie, mais Corneille Agrippa pense qu'on y arrive en écoutant *« ce que dicte l'instinct de la nature »*, c'est-à-dire l'intuition.

Chaque homme a, d'après lui, trois Anges gardiens. Il faut écarter, quand le mot d'Ange Gardien est prononcé, si on veut y voir une évocation raisonnable, l'image d'un jeune garçon blanc, vêtu de voiles légers, avec des ailes et tenant une palme. Il y a d'abord l'Ange, ou l'esprit assigné à l'âme au moment de son incarnation et qui est d'une essence élevée. C'est l'Ego supérieur des Théosophes. Celui qui mène une vie pure et détachée en reçoit des secours par des songes ou des signes. Les Pythagoriciens avaient dans leurs hymnes des prières adressées à cet esprit.

Il y a ensuite le Daïmon de la naissance qui veille sur la vie matérielle et une troisième entité dont je ne comprends pas bien la nature et l'utilité, le Daïmon de la profession, qui peut être changé si l'on change de métier.

On a prétendu, dit Corneille Agrippa, que ces Daïmons pouvaient s'exprimer en langue sacrée, comme l'hébreu, le dévanâgari, le sanscrit. En réalité, pour parler, « *ils impriment l'idée de leurs paroles à ceux à qui ils parlent* ».

On peut rapprocher des vues de Corneille Agrippa ce qu'a dit Lenain qui s'est consacré, en vertu de quelque prédestination spéciale, à l'étude des Génies.

Il poursuivit cette étude pendant la Révolution et au commencement du XIXᵉ siècle, à Amiens qui était je crois son pays d'origine. Je dis, je crois, parce que je n'ai pu trouver de biographie de lui et qu'aucun dictionnaire ne le mentionne. Un spécialiste de Génies recueille peu de considération dans notre société. Lenain publia en 1823 *« La science cabalistique ou l'art de connaître les bons Génies »*, livre qu'il s'efforça d'écrire clairement, contrairement à une longue tradition d'obscurité en honneur chez les auteurs qui traitent de tels sujets.

Son point de départ est l'affirmation du Zohar qui dit que Dieu a 72 attributs qui correspondent à 72 Génies ou Puissances. Il faut retenir le caractère de synonyme des mots Génie et Puissance. Ces Génies communiquent les influences de Dieu. Ces influences se manifestent à certaines heures qui sont plus propices que d'autres, car si on prie son propre Génie à l'heure de sa manifestation, on entre en communication avec lui et on peut en obtenir un appui. Il faut donc savoir le nom des Génies, car il est très important de les nommer quand on les invoque, en vertu du pouvoir du nom.

Or, Lenain est arrivé non seulement à savoir le nom des Génies, mais à donner une méthode pour que chacun reconnaisse son propre Génie, au moyen de la date et de l'heure de sa naissance et cette méthode, grâce aux tableaux qu'il a composés, est claire et facile à appliquer, ce qui n'est pas la moindre cause de surprise. Un homme en possession du livre de Lenain peut entrer virtuellement en communication avec les trois Anges Gardiens ou Génies dont parle Corneille Agrippa!

Ceci revient à dire qu'au moment où certaines forces s'exercent sur le monde l'homme qui est né sous l'influence de ces forces a plus de chances de se mieux porter, de réussir, de se développer, qu'au moment où s'exercent d'autres forces qui lui sont contraires. Chacun qui a ses bons et ses mauvais jours peut dire celui qui est avide de simplicité et répugne à croire aux Génies. Mais celui qui ne répugne pas à cette conception pourra penser que les forces ou puissances sont susceptibles d'une certaine individualisation sous l'action de la volonté humaine et, en tout cas, peuvent être maniées au moyen de la prière.

Sur quoi repose la connaissance de Lenain? Sur de longues méditations, dit-il dans la préface de son livre, sur quelques ouvrages non imprimés, sur une Tradition reçue par d'heureuses coïncidences. Il cite aussi fréquemment le Père Kircher.

Dans quelle mesure les Génies appelés au bon moment par la méthode de Lenain exaucent-ils les vœux des hommes avisés qui savent faire résonner les syllabes de leurs noms? Chacun peut en faire l'expérience lui-même.

Avec Swedenborg, la connaissance des Anges est du domaine de l'amitié. Et il a beaucoup d'amis. Il n'a qu'à fermer les yeux, méditer quelques secondes et il voit des Anges, il converse avec eux. Ce savant ne s'embarrasse pas d'explications scientifiques. À cinquante-sept ans une faculté lui est venue, celle de pénétrer dans le monde invisible qui lui paraît aussi réel que le monde où il avait vécu jusqu'alors.

Un matin, par exemple, à peine réveillé, il entend un chant d'une suavité ravissante *(Les délices de la sagesse)*, il voit tomber une pluie d'or et il demande à un Ange qui vient à sa rencontre ce que cela veut dire. L'Ange l'explique. C'est très compliqué, mais les Anges de Swedenborg appartiennent à un monde angélique supérieur et sont experts à faire la lumière sur les symboles.

Les Anges d'après lui, parlent entre eux comme font les hommes sur les choses domestiques, civiles, morales et spirituelles. Leur voix est douce sonore. Ils s'expriment sans difficulté. Il n'y a dans le ciel qu'une langue qui est celle de l'affection et de la pensée.

« *Les Anges sont logés, vêtus et nourris. Leurs maisons sont proportionnées à leurs emplois. Pourtant les Anges du ciel supérieur sont nus. C'est en descendant dans leurs hiérarchies qu'on trouve des vêtements et ils sont de moins en moins brillants à mesure qu'on descend.* » Swedenborg les a vus manger. Il leur a vu « *servir avec magnificence ce qu'on peut imaginer de plus exquis* ».

On voudrait moins de détails et surtout moins de détails reproduisant les réalités de notre monde. On peut, évidemment, imaginer une sorte de transposition et que ces visions tout en étant réelles dans l'ensemble ont été matérialisées par l'esprit du voyant qui a imposé sa création à des images modulables. On retrouve ainsi chez tous les voyants le même sceau personnel dont ils ont marqué leurs visions. Mais on voudrait entrevoir parfois le jaillissement de la vérité pure avec sa lumière que rien ne peut altérer. On n'a pas le sentiment du mensonge, de l'invention volontaire, mais on a celui de la confusion et de l'erreur. Swendenborg a vu au-delà de la réalité, mais à mesure qu'il entrait dans cet au-delà, il le transformait avec l'idée préconçue qu'il s'en faisait.

Mais peut-être les vivants ne peuvent-ils faire autrement que de voir le pays des morts à l'image de leur propre monde physique ? Et qui sait ? Peut-être en est-il de même pour les morts ?

LES ARCHANGES DU
SOIR DU CURÉ LAMY

Certains témoignages ont une si grande résonance de vérité qu'il est impossible de les oublier. En voici un dont la force de suggestion est telle que je ne peux m'empêcher de le citer. Il s'agit du curé Lamy, excellent homme qui mena une vie de saint aux environs de Paris, à La Courneuve et mourut en 1931. Le témoignage dont je parle est apporté par l'auteur d'un livre récent intitulé : «*Apôtre et mystique, le Père Lamy*».

Outre l'existence de désintéressement du Père Lamy, on s'émerveille de lire dans ce livre le récit des apparitions nombreuses, soit de la Vierge, soit de Jésus-Christ, soit de divers Anges dont fut témoin le Père Lamy. On s'émerveille toujours des apparitions, même si l'on sait que leur réalité peut être le résultat d'une activité répétée de l'esprit. Il faut d'abord que cette activité soit prodigieuse et accompagnée de foi. Même dans ces conditions, la création mentale est fort rare et n'est en général perçue que par le créateur. Mme David Néel a raconté dans ses livres comment les mystiques du Tibet arrivent par des méthodes spirituelles et surtout par un entraînement qui remonte à plusieurs vies, à créer des images de Dieu douées d'une vie confuse et qui peuvent prétendre à une certaine réalité. Elle a raconté comment, retirée dans une cabane d'ascète, elle avait après plusieurs mois d'effort fait la création d'un Lama qui fut son compagnon de solitude et dont elle fut obsédée à la longue. Elle fut obligée pour s'en débarrasser d'employer péniblement les mêmes procédés mentaux, mais inverses. Moi-même, au cours d'une maladie dont la convalescence me laissait des loisirs, j'ai ébauché une création analogue et si je n'ai pas eu, certes, les mêmes résultats, j'ai pu entrevoir un commencement de réalisation. Je l'ai exposé dans un autre livre.

Ceci n'est nullement pour diminuer la beauté spirituelle des apparitions du Père Lamy. Cette sorte de volonté qui semble dans la nature s'employer à tromper les hommes ou plutôt à les maintenir dans l'ignorance de certaines choses, procède toujours de la même façon. Elle donne une parfaite similitude à deux effets qui ont des causes très différentes. Le Lama de Mme David Néel n'était sans doute qu'un simple agrégat mental, tandis que les apparitions du Père Lamy se présentant avec la même apparente vérité que le Lama ont peut-être renfermé en elles l'étincelle d'entités supérieures. Ces entités étaient-elles Jésus-Christ ou la Vierge Marie? Il n'importe. Elles étaient un peu de la Force Divine que le Père Lamy ne pouvait matérialiser qu'avec l'aspect sous lequel, dès son enfance, il imaginait le Divin.

Voici ce qui m'a paru le plus frappant dans le livre du comte Paul Biver sur le Père Lamy. C'est l'auteur qui parle.

Je note qu'il est licencié ès sciences. Il était allé voir le vieux curé et passait la nuit chez lui.

« À 10 heures un quart je suis au lit et j'éteins ma lumière. Il se passe peut-être deux ou trois minutes et à travers les deux portes qui sont légères j'entends une conversation animée dans la chambre du vieux prêtre. Trois voix d'hommes y prennent part, nettes et distinctes au possible dans le silence absolu de la nuit... Personne n'a monté l'escalier depuis que j'y suis passé. D'autre part, vingt minutes auparavant, en quittant le vieillard sur le seuil de sa chambre, j'ai vu celle-ci libre de tout occupant ».

« Le Père Lamy parle de moment en moment, répondant à un interlocuteur dont la voix est nette, chaude, d'un timbre très viril et très agréable. J'entends certaines syllabes, mais je n'arrive pas à saisir un seul des mots qu'il prononce. Le troisième interlocuteur a une voix un peu plus sourde, il parle avec beaucoup plus de retenue; ses paroles sont rares et dites sur un ton moins péremptoire. »

Le comte Paul Biver se rend compte qu'il est matériellement impossible que quelqu'un ait pénétré dans la chambre du Père Lamy. Le lendemain matin il se hâte de le questionner.

— « *Mon Père, hier soir, après m'avoir dit bonsoir, vous avez parlé. J'ai entendu aussi d'autres voix. C'étaient les saints Anges ?* » Il sourit et me répond : « *Peut-être bien. Ils sont la consolation du soir.* »

Un peu plus tard, l'auteur pose encore des questions, insiste. Et le Père Lamy finit par lui dire qu'il entend les voix de saint Gabriel et de son Ange Gardien qui viennent fréquemment lui parler. Il ajoute :

— « *Nous ne donnons pas aux Anges l'importance qu'ils ont. Nous ne les prions pas assez. Les Anges sont très touchés quand nous les prions. Il y a une grande utilité à prier les Anges.* »

Et il en fait une description minutieuse. Les Anges d'une catégorie supérieure, comme Gabriel, sont plus grands que les autres. Presque tous ont les cheveux noirs et très bien coupés. Il n'a jamais vu de cheveux bouclés aux Anges. Leurs vêtements sont blancs, mais d'un blanc qui n'a rien de terrestre. Il ne leur a non plus jamais vu d'ailes.

Notre manière habituelle de penser oppose une incrédulité naturelle à de telles affirmations. N'est-ce pas en vertu d'une vitesse acquise de doute systématique ? Celui qui aurait fait une description de la télégraphie sans fil. Il y a cinquante ans n'aurait provoqué que des rires. Or, il y a eu de tout temps des hommes qui ont vu des Anges. C'étaient des exceptions, mais la nature veut qu'il y ait des exceptions à toutes ses lois. Il y a aux Indes des mystiques qui voient Krishna ou certains saints très aimés, comme Ramakrishna, en vertu de la même ardeur dans la foi et de la prière constructive. Ils créent par la force de l'appel le signe extérieur de la réponse divine. Mais il y a deux éléments et celui qu'apporte l'homme qui prie peut demeurer un cadre silencieux et mort si une volonté extérieure ne décide pas d'intervenir.

Peut-être l'exemple du Père Lamy, pour être compris et cru, a-t-il besoin de l'ensemble des détails qu'on trouve dans le livre écrit sur lui. Une longue vie de désintéressement est la meilleure préparation pour obtenir ses merveilleux entretiens du soir et en tout cas avant de douter de leur réalité, il faudrait, pour juger sainement, avoir réalisé dans sa vie la même pureté qu'il avait réalisée dans la sienne.

LES ANGES D'ÉLIPHAS LÉVI
ET CEUX DE RUSSELL WALLACE

Avec une autorité sans réplique, Éliphas Lévi a défini toutes les créatures invisibles, les nommant par leur nom et indiquant leurs différents pouvoirs. On est un peu effrayé par cette autorité.

Éliphas Lévi est l'auteur d'ouvrages parus vers le milieu du XIXe siècle et sur lesquels repose tout l'Occultisme contemporain.

D'où a pu lui venir une connaissance aussi complète, aussi détaillée ? Il est regrettable que ceux qui font des affirmations pleines d'intérêt, mais incontrôlables, n'indiquent pas les sources de cette merveilleuse érudition. Paul Chacornac qui a écrit une biographie très intéressante Éliphas Lévi ne donne pas l'indication, soit d'une révélation, soit d'un événement quelconque qui soit à l'origine d'une Science des Dieux dont il y a peu d'exemples. Ainsi Steiner l'Anthroposophe, quand il décrit les mondes dans un temps où la Terre n'était pas encore séparée du soleil, se contente de dire : « *La clairvoyance nous enseigne...* » et il a écrit lui-même une importante autobiographie où il ne relate pas cet événement prodigieux que dut être pour lui la venue de sa clairvoyance.

Mais peut-être Paul Chacornac rapportant la vie d'Éliphas Lévi et Steiner narrant la sienne n'ont-ils rien signalé à ce sujet parce qu'il n'y avait rien à signaler.

Pourtant il faut dire que Steiner est l'auteur de méthodes pour développer la clairvoyance, méthodes difficiles à appliquer pour le commun des hommes, mais peut-être aisées pour lui. Quant à Éliphas Lévi on possède l'indication d'une source. Mme Blavatsky a dit dans *« Isis dévoilée »* qu'Éliphas Levi avait été en possession d'un manuscrit provenant des anciens Rose-Croix. Et il est dit dans les lettres des Maîtres Tibétains, initiateurs de la Société Théosophique, que des exemplaires de ses œuvres avaient été apportées dans certains monastères et reçus comme des documents de vérité.

Éliphas Lévi a passé deux ans, quand il était encore l'Abbé Constant, chez les Bénédictins de l'Abbaye de Solesme. Or, il y avait là une immense bibliothèque où il a dit avoir lu les écrits des mystiques. Cette bibliothèque avait été en partie réunie par un prieur du XVIe siècle, Dom Jehan Bougler qu'intéressait la Science Occulte. Ce prieur érudit avait pu avoir en sa possession le manuscrit des Rose+Croix. Éliphas Lévi a noté avoir lu à Solesme *« Spiridion »* de George Sand. Il est arrivé à beaucoup d'hommes de négliger de citer le livre qui les a enrichis et de parler complaisamment de celui qui les a distraits. Cette ingratitude est fréquente.

D'après Éliphas Lévi, il y a trois catégories d'esprits ou de Génies. Les esprits inférieurs ou errants, qui sont attachés à la Terre et que les Théurges d'Alexandrie nommaient des démons. On les appelle prêtas dans l'Inde. *« Ils sont mortels, cherchent à vivre à nos dépens, recherchent les effusions spermatiques et sanguines, la vapeur des viandes, les enveloppes vides et craignent la pointe et le tranchant des épées. »*

Les esprits supérieurs qui ont échappé aux lois de la matière. On ne peut ni les appeler ni les attirer. Il faut avoir en soi la vertu de s'élever à eux.

Entre ces deux catégories, il y a les esprits mixtes qui participent des uns et des autres. *« Ils s'attirent et se régissent hiérarchiquement les uns les autres. Ils s'unissent par chaînes et par cercles, »*

Leur hiérarchie est infinie. Il y en a qui régissent les planètes et ils s'élèvent de puissance en puissance, et cela sans fin. Tout cela est très logique.

Les âmes de la Terre sont dirigées par une Âme supérieure dont Éliphas Lévi dit le nom : Metatron Sarpanim. Il correspond au Roi du Monde, au Manou, conducteur des races humaines de la Tradition hindoue. Hénoch a été ce chef, puis Moïse, puis Élie.

On pourrait objecter qu'il est extraordinaire que le Régent des âmes ne se soit occupé que d'un petit point sur la terre et d'un petit peuple, animé d'une violence particulière. Mais il est vraisemblable qu'une grande âme doit avoir des possibilités d'incarnation que n'ont pas les autres et que celui qui s'est appelé Hénoch ici, s'est appelé Krishna ou Zoroastre, ailleurs.

Il paraîtra scandaleux à certains esprits de parler, tout de suite après Éliphas Lévi, d'un grand savant comme Russell Wallace. Ces deux hommes si différents, le Darwiniste et l'ancien prêtre devenu occultiste, ont un point commun dans leurs idées, c'est la croyance aux Anges.

La croyance aux Anges est celle qui a inspiré le plus d'horreur aux esprits scientifiques du XIXe siècle. Cette horreur a été telle que le mot «Ange» ne peut plus être prononcé sans un certain ridicule.

Et pourtant, pour certains hommes de science, et des plus éminents, les Anges ont une place dans l'activité cosmique. Russel Wallace qu'on peut mettre à côté de Darwin comme promoteur de la théorie de la sélection naturelle, grand philosophe et naturaliste, car on ne peut être l'un sans l'autre, plus naturaliste que philosophe et plus grand d'autant, a mis les Anges dans son explication du monde.

«L'ensemble du monde», dit-il en parlant de la force suprême qui anime l'univers, «est par conséquent une manifestation de son pouvoir, peut-être de sa personne elle-même, mais par l'intermédiaire de ses messagers, les Anges, agissant selon leur degré d'intelligence et de puissance.»

Qu'un savant qui fait autorité dans tout ce qui touche à la biologie et au développement des êtres vivants fasse sortir de la légende la fade et désuète silhouette de l'Ange pour en faire une cause scientifique des mouvements de la vie, voilà un grand sujet d'étonnement!

— «Il ne peut y avoir un abîme infini entre l'homme et le grand esprit de l'univers. Une telle supposition me paraît au plus haut degré improbable.»

Improbable en effet. On peut mesurer la distance d'un échelon à l'autre en estimant la différence du végétal à l'animal et de l'animal à l'homme. Pourquoi, à partir de l'homme, l'échelon serait-il si incommensurable qu'on pourrait avec Wallace le qualifier d'abîme? Il est seulement invisible aux sens de l'homme.

Il y a des intermédiaires entre nous et « le Grand Esprit de l'Univers ». La loi s'oppose à ce qu'ils soient connus de nous et à ce que leur action, si elle s'exerce, nous soit perceptible. Mais à titre d'exceptions, ces intermédiaires se sont manifestés et il est possible, dans une certaine mesure, de savoir pourquoi ils se sont manifestés aux uns plutôt qu'aux autres et peut-être de découvrir une méthode spirituelle pour provoquer leur intervention.

LES DÉVAS ET LES DANGERS
DE L'INCARNATION

Il y a dans la religion brahmanique, au-dessus de l'état humain, vingt-huit états différents qu'on peut appeler des paradis et où se trouvent des êtres supérieurs à l'homme. Ces êtres sont les Dévas. Mais «Déva» est un terme général qui désigne aussi les simples esprits de la nature, les forces en action dans le règne végétal pour le faire croître.

Les Dévas des vingt-huit séjours possèdent des corps, mais des corps d'une incomparable subtilité. On jouit dans leur monde d'une joie céleste qui est procurée par la contemplation et qui vient de la pureté absolue de la pensée. On appelle ces séjours: Monde de la vie heureuse, monde où l'on n'a plus besoin des nuages pour se reposer, monde où il n'y a plus de fatigue. De ciel subtil en ciel subtil, on atteint le ciel des Dévas qui sont arrivés au dernier terme de la ténuité de la matière.

Mais les Bouddhas et les Bodhisattvas, c'est-à-dire les hommes devenus divins par leurs efforts, sont considérés comme infiniment supérieurs à tous les ordres de Dévas. Cela implique que les Dévas ne goûtent la béatitude parfaite que grâce à un certain sacrifice de la conscience; ou bien, c'est un hommage au sacrifice accompli par les Bouddhas en demeurant avec les hommes pour les aider.

Il y a un rapport étroit entre les Anges chrétiens et les Dévas hindous. Une différence essentielle les sépare pourtant. Les Dévas ne sont pas dans leurs Paradis pour exécuter des ordres divins, porter des messages, remplir des missions consolatrices ou vengeresses. Ils épuisent des mérites, dans un état bienheureux qui est la conséquence de leurs actes sur la Terre et quand ces mérites seront épuisés, ils se réincarneront dans un germe humain où glisseront dans le Nirvana, état qu'on ne peut décrire parce que le cerveau humain ne peut le concevoir.

Si béatifique que soit la condition des Dévas, ils sont soumis au désir. À mesure que l'on s'élève dans l'échelle des paradis, leurs habitants sont de plus en plus dépourvus de l'attrait de la forme. On les désigne populairement comme des bienheureux qui manifestent leur amour par un baiser, puis par une pression de main, puis par un simple regard et à la fin par une pensée abstraite.

Le désir, malgré les perfections accumulées, comporte le retour dans la forme. Les Anges chrétiens aussi sont susceptibles de chute, puisqu'ils ont aimé les filles des hommes et ont péché avec elles. Saint Paul devait considérer que le désir rôdait, invisible, autour des femmes, puisqu'il conseillait à celles-ci dans une épître aux Corinthiens de se couvrir la tête à cause des Anges pour ne pas les induire en tentation et Tertullien a dit : « *Il faut voiler cette face si dangereuse qui a été une cause de chute dans le ciel.* »

Quel est donc cet impérissable élément du désir dont la puissance est telle qu'après des millénaires de béatitude divine, les créatures les plus épurées aspirent à la jouissance de la matière ? « *Le désir ne meurt jamais* » disait, à une de ses pénitentes un vieux prêtre très sage qui a joué un rôle dans la vie parisienne de ces derniers temps. Il résumait toute son expérience des confessions humaines. Cette puissance à vivre dans les âmes qui ont voulu se détacher, combien de moines dans les cloîtres, d'ascètes dans les solitudes, d'apprentis sages enfermés dans le cercle de leur volonté, pourraient témoigner de sa résistance, de son hypocrisie à simuler la mort, pour renaître avec des racines qui semblent plus profondément enfoncées !

Le désir est peut-être un élément immortel puisqu'on le voit survivre aux pénitences, aux compréhensions intellectuelles, aux radieuses béatitudes. Et il survit non seulement dans cette existence, mais les traditions des religions nous le montrent comme un élément directeur, vivace sur tous les plans de vie, s'accommodant de tous les modes d'existence, survivant aux diverses morts, comme une inaltérable appétence d'autant plus apte à vivre qu'elle reçoit moins d'aliments.

Tuer le désir est un vieil enseignement qui a une part de fausseté égale à sa part de vérité. En croyant tuer le désir on exaspère sa fureur et les immatérialités des vingt-huit paradis ne sont peut-être qu'une préparation immense à l'élan de la créature pour se précipiter dans le germe physique. On ne tue pas le désir. Les pénitences, les jeûnes, les puretés acquises sont des leurres. Le désir, c'est peut-être nous-mêmes, notre essence, une racine si avide de se développer que tout élément terrestre, céleste, astral ou super-céleste lui est également bon et il est possible que même la méthode du Bouddha soit insuffisante et qu'on voie au cours des âges ce sage se réincarner, poussé par le désir de cueillir une fleur au bord du Gange.

Le Déva garde son désir. Il le porte caché sous sa robe d'innocence divine et quand vient le moment de sa mort céleste, car il y a une mort céleste, une fin des états paradisiaques par épuisement, il y est soumis comme au premier jour. Il y a dans la religion Bouddhique une mélancolique description de cette fin de l'état de Déva. Il vient un moment où il revient, au Déva vieillissant, très légèrement d'abord, la perception de la matière. Il perçoit les tonalités différentes de la clarté. S'il se plonge dans une rivière il a une sensation inattendue d'humidité. Sa pure robe blanche est mystérieusement tachée. Il sent la pesanteur venir à sa forme aérienne. La matière exerce sur lui son attraction. La sexualité des créatures doit lui apparaître et l'appeler comme la flamme appelle les insectes.

Et c'est alors que le plus grand danger menace l'être aveuglé par l'ivresse du désir. À travers la durée des béatitudes il n'a conservé que la somme de conscience acquise par ses efforts. Malheur à lui si cette conscience n'est pas assez claire pour le guider avec certitude dans cette grave minute de sa vie cosmique ! Il risque de se précipiter sans discernement dans un germe inférieur. Assurément, des forces qui lui sont inconnues le guident, des attractions s'exercent vers un germe où il pourra se développer en perfection. Mais l'ennemi est en lui qui obscurcit son jugement, et l'ennemi c'est le désir.

« Le Livre des morts Tibétain », relatant une tradition orale qui remonte à une très haute antiquité, donne des méthodes pour le choix d'un germe favorable dont le développement permettra à l'être de se trouver parmi des parents bons et éclairés grâce auxquels il réalisera toutes ses possibilités dans un corps sain. Mais que valent ces méthodes ?

Elles ne sont ni parfaitement compréhensibles, ni d'une application aisée. L'antiquité est-elle un titre à la vérité des assertions ? S'il est vrai que la clairvoyance fut développée chez les races anciennes qui précédèrent les nôtres et si cette clairvoyance s'étendait à l'au-delà, dans un temps où la nature n'exigeait pas une séparation rigoureuse entre cet au-delà et notre monde, peut-être des sages primitifs ont pu étendre leur vue sur les hésitations des anciens Dieux, avides de matière. Ils les ont aperçus, dépourvus de forme et de souvenir, dans le crépuscule des plans intermédiaires, à l'heure des rapprochements sexuels, cherchant leur misérable et infime place dans le germe qui leur donnera la vie.

Mais est-ce que tout ne dépendra pas du degré de conscience que chacun possédera et de sa capacité de se souvenir des sages conseils appris ? Quelle sera l'épaisseur du voile d'aveuglement jeté par le désir ? Et quelle que soit la conscience, quel que soit l'aveuglement, là, comme dans les choses terrestres, l'homme doit être le jouet d'une loi plus haute qui le dépasse, celle qu'on appelle Providence, destin, loi de Karma. Une seule chose est certaine. Le seul bagage éternel qu'emporte l'homme à travers ses transformations, comme une bouée pour un nageur perdu sur l'océan, ce qui lui permet de se diriger dans une certaine mesure au milieu des ombres, c'est la somme de conscience qu'il aura acquise, soit dans la vie physique, soit dans la vie spirituelle.

L'Occident ayant placé infiniment haut l'état humain se révolte à la pensée qu'une âme humaine peut apparaître sur la Terre dans un corps animal. C'est pourtant la vieille croyance de l'Inde et elle découle des enseignements du Bouddha. Ces enseignements disent que la forme humaine est très difficile à obtenir. Pourquoi cette difficulté? À cause du trop grand nombre de compétitions pour un germe, ou parce que la complexité des organes humains ne se prête pas à la réception d'un être trop simple, mal fait pour la demeure à laquelle il aspire? Un désir inassouvi et réfréné représente une grande force qui doit se multiplier avec l'impuissance de réalisation, quand le porteur du désir n'a plus d'organes pour assouvir son désir. Chacun peut se rappeler une minute de sa vie où tout ce qu'il pouvait posséder de pensées élevées ou seulement raisonnables fut annihilé par un désir unique de jouissance.

Chacun se souviendra être revenu alors à un état extrêmement primitif. L'être rudimentaire qui est sous l'empire d'un désir matériel unique, dont l'assouvissement sera d'autant plus proche que l'individualité dans laquelle il s'incarnera sera basse, cet être sera tenté de plonger au hasard, insoucieux de son destin et prendra possession d'un germe animal qui se présentera à lui. Cela n'a rien d'invraisemblable, c'est même logique.

Le Bouddha, Platon, les Néoplatoniciens d'Alexandrie ont été de cet avis. Toute considération d'amour-propre sur la grandeur humaine est bien faible à côté de cette communauté d'opinion contre laquelle on n'oppose aucun argument sérieux, si ce n'est une noble indignation causée par la terreur de la déchéance.

D'où pourrait venir cette lumière chargée de regrets, cet appel pour demander du secours que l'on trouve dans les regards de certains chiens ou de certains singes? Rien n'est plus triste que la nostalgie de la supériorité perdue par sa propre faiblesse. Cette tristesse est visible dans beaucoup de tristesses d'animaux et quand on l'a sentie une fois on ne peut plus en douter. Ceci n'est assurément pas une preuve. Mais qui peut apporter la preuve du contraire?

Aussi la victoire sur le désir impérieux et sur sa tyrannie, surtout la victoire remportée contre le désir sexuel est la plus grande dont l'homme puisse s'enorgueillir, c'est en tout cas la plus utile. Car le désir sexuel est le plus enraciné dans les profondeurs de l'être. C'est l'impulsion que la nature a fixée en nous dans son inéluctable volonté de reproduction. Et cette impulsion doit apparaître avec son maximum de puissance, à la fin des temps de l'âme quand la totalisation de sa force l'oblige à obéir à sa dominante.

Y a-t-il un moyen d'échapper à l'alternative particulièrement affreuse de se retrouver avec les limitations animales, la stupidité, l'obscurité intellectuelle, l'incapacité à s'exprimer par le verbe? *« Le Bardo Thodol »* ou *Livre des morts tibétain*, en donne plusieurs.

— *« À ce moment, tu auras la vision de mâles et femelles en union. Lorsque tu verras cela, souviens-toi de f empêcher d'aller entre eux. »*

Les cinq méthodes données pour que soient gardées fermées les portes de la matrice se résument en une seule. Il s'agit de méditer sur une pensée élevée, de prendre une ferme résolution, d'avoir son esprit obstinément fixé sur l'amour, sur l'Illumination du Bouddha, sur sa propre perfection. Mais c'est là le difficile! Tout le problème consiste à avoir une sublime pensée pure au moment où l'appel sexuel a sa plus grande force. Est-ce possible si l'on a perdu sa conscience, si l'on est dans un état analogue à l'état de rêve? Mais a-t-on perdu sa conscience? Nullement, dit le vénérable « Livre des morts tibétain ». *« Toutes les facultés sont parfaites et Von peut entendre toute chose qui vous est dite. »* Ô bonheur! Trois fois loué, soit *Le Bardo Thodol* plein de sagesse!

Il dit même que *« la conscience étant sans support va immédiatement où la dirige l'esprit »* et il ajoute avec autorité que dans ces conjonctures si importantes, la mémoire est neuf fois plus lucide qu'avant.

On ne peut s'empêcher après cette affirmation capitale de relire précipitamment la préface du *Bardo Thodol* et on se réjouit de savoir que c'est une longue suite de saints et de voyants qui ont permis à ce texte de se matérialiser par l'écriture. Ces saints et ces voyants possesseurs d'une connaissance perdue, mais qu'ils ont été à même d'expérimenter, forment un antique et solide répondant moral.

Il semblerait logique que des millénaires d'état paradisiaque amortissent la conscience et qu'on arrive au moment de l'incarnation dans un état semblable à celui du rêve où l'impulsion du désir domine. Saints et voyants Tibétains disent le contraire. Je me range à leur opinion. Certains faibles, certains aveugles, doivent tomber dans l'erreur animale, mais tous ceux qui dans leur vie terrestre ont lutté contre le désir, ont travaillé à édifier leur conscience doivent y échapper.

Il faut en avoir la ferme espérance. Que la conscience si péniblement acquise nous soit conservée! Elle seule peut nous consoler de ce sombre passage à travers les éléments sexuels humains, les ténèbres vivantes des sèves reproductrices, si tant est cependant, que nous y soyons condamnés.

L'ENNUI QU'INSPIRENT
LES ÉTATS DIVINS

Il y a un autre élément qui doit contribuer à ce que les Anges chrétiens jettent leur palme, à ce que les Dévas Bouddhiques abandonnent la récompense des bons Karmas. De cet élément il n'est jamais parlé dans les livres sacrés ou dans les spéculations des philosophes. Cet élément, c'est l'ennui.

L'ennui fait partie de l'Essence Divine. Si l'origine de la Création peut être attribuée à un jeu divin, Dieu a dû s'ennuyer pour éprouver le besoin de s'adonner à un jeu. On joue pour se divertir et aussi pour tuer le temps. Mais si on est soi-même le temps, on joue dans un but d'expression. Le mouvement créatif comporte de l'ennui, car s'il n'y avait pas eu ennui, Dieu ne serait pas sorti de son immobilité première.

Toute béatitude comporte une part d'ennui, même et surtout si la béatitude est d'un ordre supérieur. Le mauvais Ange, celui qui s'est révolté, est peut-être celui qui s'est ennuyé le premier et a eu la franchise de le manifester.

Une certaine notion d'ennui, inanalysable, difficile à distinguer de la joie pure, est inséparable de la contemplation de la beauté. Les chefs-d'œuvre transportent l'âme, avec cette réserve que le transport n'est pas éternel et s'achève par l'ennui, quand une certaine somme d'admiration est épuisée. On ne peut évaluer cette somme qui est variable pour chacun. D'ailleurs, l'hypocrisie humaine s'exerce avec une force particulière quand il s'agit de cette forme d'ennui, celle que fait naître la beauté parfaite. Chacun la nie, affirme ne l'avoir jamais éprouvée.

En réalité, même pour ceux qui entrent avec joie dans la plénitude de la beauté, qui jouissent de l'enthousiasme qu'elle procure, il faut un effort pour s'y maintenir. Cet enthousiasme conduit, après un certain temps, à un sentiment de vide et quelquefois, par réaction, de désespoir. Cet enthousiasme, qu'il soit artistique ou philosophique est l'état le plus élevé que l'homme puisse connaître, sous les contraintes que lui impose sa forme d'homme. « L'enthousiasme est supérieur à toute connaissance », a dit Proclus. Celui dont il parlait réunissait en un seul les quatre sortes d'enthousiasme qu'avait définis Platon.

L'état d'enthousiasme était pour les Néoplatoniciens la communication avec le monde des Dieux. C'était la participation à un mode d'être supérieur au mode humain, que l'homme n'atteindra que bien plus tard et dont il ne peut que ressentir des éclairs. De même un animal supérieur ne pénètre que de façon passagère dans le monde intellectuel, à l'occasion de décisions, ou pour de brèves compréhensions.

La béatitude des paradis dans laquelle on épuise ses mérites doit avoir un terme ; ainsi la flamme meurt faute d'aliment. Que deviennent les êtres dans ce crépuscule de la pensée sublime ? Ils se réincarnent répondra-t-on. Ce doit en effet être là la Loi Générale. Mais ceux qui ne sont pas poussés par un désir physique, ceux qui dans leur dernière vie ont développé volontairement en eux l'horreur du monde physique ? Comment et pourquoi accompliront-ils l'acte de l'incarnation ?

Une Loi qui dépasse la volonté humaine condamne peut-être les hommes à un retour perpétuel sur la planète. C'est possible, mais ce n'est pas certain. On ne retrouve pas la trace des mêmes hommes revenant pour la continuation de leur tâche ou une tâche nouvelle. Les grandes personnalités humaines seraient reconnaissables à quelque signe. Ceux qui comme Steiner ont essayé de déchirer ce voile n'ont donné qu'un nombre fort restreint d'indications sur un tout petit nombre d'hommes supérieurs, deux ou trois à peine. On pourrait retrouver la succession des vies de la masse. L'élite échappe.

C'est d'elle dont le destin serait intéressant à connaître.

On peut objecter que les hommes d'une grande spiritualité ne reviennent qu'après une durée plus longue que celle sur laquelle s'étend notre expérience. C'est vraisemblable pour certains. Le retour doit être assez rapide pour la majorité des intelligents et de ceux que nous considérons en Occident, comme les meilleurs. Je cite une indication, en faisant des réserves sur l'autorité qu'il faut lui accorder. Elle a trait au sujet traité dans le chapitre précédent en même temps qu'elle nous renseigne sur la durée du séjour dans un état spirituel, ou demi spirituel. Cette indication provient d'un des voyants du colonel Caslant, un des rares hommes de notre temps qui a étudié la clairvoyance comme une science, trouvé des méthodes pour y faire parvenir certains de ses sujets.

Voilà ce que dit un de ses voyants mis en communication avec un habitant de l'au-delà :

« Une entité qui s'intéresse à la géologie donne des détails curieux sur le travail sismique de la terre, dit qu'il a vécu sous la révolution et qu'il est revenu sur terre deux autres fois, l'une comme cantonnier, l'autre comme architecte. Dans le premier cas, explique-t-il, j'ai été entraîné dans la chair sans résistance possible. Imaginez un fétu de paille arraché par un cyclone. Je n'ai pu reprendre mes sens que sur la terre et je n'ai constaté que j'avais subi une incarnation que quand je suis revenu ici. La seconde fois, j'ai pu, selon mes fluides, choisir le milieu où je descendais. »

D'autres sujets du colonel Caslant parlent d'une activité à laquelle s'adonneraient les êtres dans l'au-delà. Un autre clairvoyant, Yram, qui a relaté le résultat de ses extraordinaires expériences dans deux volumes révélateurs, décrit aussi certaines occupations des habitants des plans spirituels. Il ne s'agit plus d'ineffables béatitudes puisqu'il y a action. Quelles sont ces activités ? Tous ceux qui les ont mentionnées sont unanimes à les déclarer incompréhensibles pour l'homme.

Ainsi le facteur ennui est combattu dans l'au-delà par l'action et une action vraisemblablement créatrice. Comme sur la terre, il n'y a pas d'ennui pour celui qui crée. Si une représentation exacte de la création dans l'au-delà est malaisée, on peut imaginer pourtant que les êtres sont employés, s'emploient naturellement par le jeu des forces, à la marche du monde. Champ d'activité immense!

Malgré cela l'ennui reste un élément cosmique inéluctable. Si certains hommes sont possédés par le goût de l'activité, il y en a d'autres qui semblent voués à l'inaction par un vœu secret de leur nature. L'extase, récompense des élus, pourra paraître, non pas un supplice, mais une impossibilité à une certaine minute des temps où l'amour ne sera plus que fadeur et la connaissance, leurre. Alors l'être sera appelé dans la matière avec une puissance impérative aussi grande que celle du désir. Et il répondra à cet appel, car l'ennui est une grande force du monde qui, pour être passive et méconnue, ne s'exerce pas moins sur tous les plans de vie où l'homme cherche péniblement son chemin.

NÉCESSITÉ DE LA CHASTETÉ

Rien n'est aussi impopulaire que la chasteté. Chez l'homme lubrique, on se plaît à confondre son appétence sexuelle avec la jovialité, qui gagne les cœurs. Pourtant il n'y a aucune gaîté dans la lubricité du lubrique, il y a même une tristesse d'autant plus profonde que son origine est basse.

Il faut choisir. La chasteté est indispensable à celui qui veut voir plus loin que ne le permet la vision ordinaire des yeux physiques, à celui qui veut avoir une manifestation provenant d'une puissance quelque peu élevée.

La sensualité est créatrice d'éphialtes doués d'une vie confuse qui accompagnent celui qui les a engendrés. Ils forment une opaque atmosphère qui emplit la pièce où il vit et où aucune entité spirituelle ne peut projeter son image. La prière ne peut s'y faire jour sans se transformer en érotisme mystique. Tel est la puissance de l'instinct de vie que la pieuse Marguerite Ebner s'étendait la nuit dans sa cellule à côté d'un grand crucifix de bois et donnait le sein à une statue de l'Enfant-Jésus.

« Réaliser Dieu est impossible sans une renonciation absolue au désir sexuel », a dit Gandhi qui est pourtant un homme de la vie. Il a dit aussi : *« Il faut prendre la nourriture comme on prend des médicaments »*, considérant qu'il faut bannir le plaisir d'absorber de la nourriture autant que le plaisir sexuel.

Mais à quoi bon ? Pourquoi ne pas jouir de ces biens légitimes, éminemment naturels, qui ne font tort à personne et qui même, dans certains cas, donnent du plaisir à autrui, par la joie du partage et la chimie psychique et physique qui s'ensuit ?

Il s'agit d'un échange où l'on n'a rien à perdre. Il faut renoncer à certains plaisirs pour pouvoir en goûter d'autres qui sont plus élevés et plus intenses. L'expérience montre que l'on ne peut les goûter tous en même temps et qu'il faut commencer par sacrifier les plaisirs inférieurs avant de goûter les plaisirs supérieurs.

Le sacrifice est en principe aisé. Mais combien sa réalisation est difficile! Face à face avec notre intelligence nous pouvons gouverner nos idées et les modifier. Mais qu'il est difficile de modifier le corps du désir qui est en nous et dont la nature nous échappe!

Origène dut être bien surpris, s'étant châtré, dans l'espoir illusoire de détruire en lui la force du désir sexuel. Ne savait-il pas que cette sorte d'appétence n'a pas son siège dans l'organe physique? La racine ne s'en arrache pas violemment, mais par une lente usure. Et quand on voit la lenteur infinie que comporte cette usure on peut mesurer la durée de résistance qu'opposera après la mort ce terrible corps de désir, que l'on a appelé astral parce que sa substance a été composée par les forces combinées des astres. On comprend, à la vérité, l'effort des Égyptiens, qui, certains de cette longue demi-vie passionnelle, aspiraient à la perpétuer, parce qu'ils n'étaient arrivés qu'à la certitude de celle-là.

Le plus grand danger que peut courir l'homme est dans le mélange intime de l'esprit avec le corps de désir, car pour ceux qui l'auront réalisé il y aura un arrachement dont nous ne pouvons mesurer la douleur. Et qui sait si l'affection, le tendre amour n'est pas un piège qui incite à la dangereuse confusion du désir et de l'esprit.

Heureux celui qui, au lieu de diviniser la chair, ne l'aura considérée que comme une source de plaisir que l'on prend à son heure, mais dont l'esprit sait demeurer détaché et ne s'en laisse lier d'aucune chaîne!

Il y a unanimité de tous les maîtres de tous les temps:

« Pour réaliser Dieu, on doit pratiquer la continence absolue. Si un homme reste absolument continent pendant douze années, il acquiert un pouvoir surhumain. La renonciation à la femme et à l'or est essentielle » a dit Vivekananda après bien d'autres qui ont donné leur vie en exemple.

Car le vœu de pauvreté aussi est nécessaire. Rien n'est plus anti-social, plus anti-humain que la réalisation de Dieu. Il est normal qu'il en soit ainsi. L'église chrétienne l'avait bien compris. En possession du pouvoir temporel, elle fit brûler sans rémission soit les Fraticelles, pieux disciples de saint François, soit les Albigeois qui prêchaient également la pauvreté et la chasteté. Elle tolère qu'il y ait des pauvres et des chastes dans les couvents, mais à la condition que leur voix ne soit pas entendue par-dessus les hautes murailles de leurs cloîtres.

Réaliser Dieu restera toujours un fait d'exception. La nature a créé cet idéal sublime, mais peut-être ne l'a-t-elle voulu qu'en tant qu'idéal pour un petit nombre. Elle a placé aussi de hauts pics sur les montagnes de la terre, mais ces élévations neigeuses sont peu nombreuses et ne semblent pas devoir se multiplier. Qui sait? Si les saints et les réalisateurs divins se mettaient à pulluler, cette mystérieuse puissance qu'on appelle l'équilibre et qui est l'intelligence visible de la divinité, interviendrait, comme on la voit intervenir quand il y a un pullulement de rats et de sauterelles. Il y aurait quelque épidémie de doute parmi les milliers de saints ou quelque flambée subite de désir charnel.

Mais cela n'est pas à craindre. Et si l'équilibre devait intervenir, ce serait dans le sens contraire.

RÉACTIONS DES ACTES
D'UNE VIE À L'AUTRE

L'intervention la plus fréquente dans notre vie quotidienne est celle de notre Destin, ou plutôt de notre chance, qu'elle soit bonne ou mauvaise. Ce Destin provient de l'accumulation des événements, d'une série de causes indéfinies. Nous ne le personnifions pas, bien que nous soyons tentés de le faire, parce que nous voyons toujours quelques causes anonymes et impersonnelles auxquelles nous sommes raisonnablement forcés d'attribuer l'événement inattendu qui nous frappe. Mais la Force qui a groupé les Causes, qui a contribué à leur déclenchement, qui a surveillé la série des Effets, cette Force est-elle volontaire et consciente, agit-elle par malice, en vertu d'une idée de justice qui lui est propre et qu'elle partage avec d'autres forces semblables, ou est-ce un agent aveugle, sourd, insensible, un vaste mécanisme aux rouages inexorables ?

« *J'ai de la chance* », disent certains hommes, ceux qui ne craignent pas d'offenser les Dieux par cette affirmation. Certains parlent d'une bonne étoile qui les protège ou d'un bon ange. D'autres disent : « *j'ai une guigne noire* ». Cette couleur est à noter. Si on demandait la couleur de la robe du bon Ange à ceux qui en ont un, ce serait la couleur blanche. La chance est blanche et la guigne est noire.

La mort de Socrate lui fut annoncée par l'apparition d'une femme vêtue de blanc. Mais la mort était peut-être pour Socrate un événement heureux, malgré l'amour de la vie qu'il manifesta toujours. Sans doute le comprit-il. Ses amis, après sa condamnation, voulaient le faire fuir et la chose eût été aisée. Il refusa donnant pour raison que son génie familier n'était pas intervenu pour le lui conseiller.

Le Dr Bret rapporte dans son livre très documenté sur la guérison surnaturelle, qu'il appelle sans raison valable « la métiatrie », le cas d'une intervention favorable de Dame Blanche. Un certain Mustapha, musulman de Constantinople qui avait l'œil droit complètement perdu vit en songe une jeune femme vêtue de blanc qui lui dit qu'elle était la Vierge adorée par les Pères Géorgiens de cette ville. Il y avait alors à Constantinople des Pères qui distribuaient gratuitement de l'eau de Lourdes. Mais Mustapha n'eut pas à s'oindre l'œil avec cette eau. À son réveil, il était guéri. L'apparition était seulement venue lui notifier qui le guérissait.

Le blanc est la couleur de la lumière et est particulièrement indiquée pour être la couleur des apparitions favorables. Pour la raison contraire, on imagine aisément qu'un homme sévère, vêtu de noir ou un nègre ne pourra être qu'un mauvais messager, venant faire des reproches ou annoncer des choses fâcheuses.

De même les étoiles sont liées à l'idée de destin, et cela non sans raison. Mais aucune considération astrologique n'entre dans les apparitions d'ordre stellaire comme celles que Napoléon a dit avoir eues à plusieurs reprises.

Napoléon voyait avec ses yeux physiques sa chance sous l'aspect d'une étoile lumineuse. En 1806, le général Rapp entra dans son cabinet, sans se faire annoncer. Napoléon fixait attentivement un point, par la fenêtre ouverte. Il interpella brusquement le général en lui demandant s'il voyait dans le ciel la même chose que lui. Celui-ci répondit que le ciel était obscur et qu'il ne voyait rien. « *Quoi!* » s'exclama Napoléon, « *vous ne voyez pas mon étoile. Elle est pourtant devant vous, étincelante. Je la vois dans toutes les grandes occasions de ma vie et c'est pour moi un signe certain de bonheur.* » Cette anecdote fut racontée par le général Rapp à M. Brierre de Boismont qui l'a rapportée dans son livre sur les hallucinations.

Étoile ou Dame Blanche, le Destin a une forme particulière pour chacun. D'une façon générale, on dit que les uns sont heureux, les autres malheureux. D'où vient l'inégale répartition du bonheur ?

Des Lipikas, dit Mme Blavatsky dans la *Doctrine Secrète*. Les Lipikas sont de formidables scribes dont les tablettes enregistrent tous les actes et toutes les pensées des hommes. Ce sont des Divinités, des Puissances, s'occupant de Karma. Elles pèsent les actions, mesurent leur valeur, proportionnent leurs contrecoups, tiennent l'immense comptabilité dont l'aboutissement est la destinée humaine. Ces Lipikas sont-elles des Divinités conscientes susceptibles, par exemple, de s'entretenir entre elles, de se lancer en riant une action enlevée à une balance pour en faire pencher une autre, ou ne sont-elles que l'expression muette d'une loi gigantesque, analogue à une machine à calculer ? Dans l'un et l'autre cas on pense communément qu'il n'y a pas d'intercession à solliciter, de changement à espérer dans l'ordre des causes et des effets, à la suite d'un émotif appel, d'un habile plaidoyer. Mais cette rigidité n'existe qu'en principe.

On peut tourner la Loi, entend-on fréquemment dans la vie quotidienne, en parlant de la loi des hommes, celle qui punit de prison ou récompense avec la Légion d'honneur. Et les rusés arrivent à la tourner. Mais la loi des Lipikas ?

Il est impossible de concevoir le cheminement de l'acte, a dit le Bouddha, voulant exprimer par-là que le Karma était un mystère et que celui qui avait accompli un acte ne pouvait pas savoir quelles conséquences engendrait pour lui cet acte.

Malgré cela, dans des conversations qui se sont répétées d'âge en âge, il a donné bien des indications sur les cheminements de l'acte et sur ses répercussions.

Sur la fin de sa vie, il avait des rhumatismes. Un de ses disciples lui demanda de quelle cause la douleur causée par le rhumatisme était l'effet. Le Bouddha répondit qu'il avait été athlète professionnel dans une vie antérieure et qu'il avait brisé le dos d'un adversaire déloyal.

Il faut remarquer que l'adversaire avait été déloyal. D'après cela, toute douleur causée à autrui même dans un cas de défense engendre une douleur future. Le choix de la profession d'athlète indique qu'il s'agit d'une vie extrêmement lointaine dans le passé et que le cheminement de l'acte a été infiniment long. On est instruit de plus que l'exercice de la profession d'athlète s'il engendre des rhumatismes ne nuit pas à l'obtention de la plus haute dignité humaine, celle de Bouddha, même si on donne des coups assez forts pour briser un dos.

Cette indication a-t-elle été donnée authentiquement par le Bouddha en personne ou rapportée par un docteur de la loi ? Nous ne le saurons jamais.

De même pour la suivante.

Quand il avait atteint l'illumination, il devait être au-dessus du Karma, avoir échappé aux effets de la loi, puisqu'il était détaché et parfait. Or, son cousin, homme mauvais et jaloux, lui lança du sommet d'une hauteur, une pierre qui le blessa, lui causa une douleur et l'obligea à boiter. On peut en conclure que tant qu'on est dans la forme, certaines causes extérieures peuvent vous obliger à souffrir. Ce qui est créé dans le monde physique provoque des réactions dans le monde physique et l'illumination du Bouddha ne lui a donné contre la pierre de son cousin que la faculté de supporter avec indifférence la douleur causée, ou même de s'en réjouir. Les maux perdent leur pouvoir spécifique avec la pureté de celui qui en est frappé et ils peuvent engendrer la joie au lieu de la douleur. Mais ils s'exercent tout de même. C'est la manière de les recevoir qui a changé.

On trouve dans le Kandjour, antique livre tibétain, maintes précisions sur les conséquences des actes.

Il faut remarquer d'abord que ces actes, ou plutôt les pouvoirs qui viennent d'eux, s'accumulent. La conséquence d'un acte peut dormir durant des millénaires et ne s'exercer qu'après un grand nombre de vies. Si on juge du point de vue humain le travail des Lipikas on trouvera cela naturel. Il faut bien que ces divinités aient une certaine marge pour mêler l'inextricable écheveau des vies et leurs réactions réciproques. Car un homme, par exemple, ne peut être frappé pour permettre à un autre de libérer son Karma. Il faut que les actions et les réactions s'équilibrent, non selon notre conception de la justice, elles ne le font pas, mais selon les lois établies. Cependant, certaines habitudes, certaines manières d'être donnent un résultat immédiat, du moins selon le Kandjour Bouddhique.

Le don répété de chaussures à de pauvres gens qui n'en ont pas, fait dans la vie suivante *« qu'on ne manque d'aucun moyen de transport, qu'on a les pieds en bon état »*. Le don d'aliments procure la force et le bien-être matériel. Celui qui soulage la soif, n'a pas à en souffrir dans la vie suivante, mais chose curieuse il renaît avec un front large, et un esprit égal.

Je retiens cette indication relative à *« l'homme qui a le pouvoir de résider dans la retraite au milieu de la foule »*, c'est-à-dire celui qui peut s'isoler par la méditation. Celui-là n'est pas appelé à errer dans l'espace intermédiaire. Ce redoutable espace intermédiaire est la première région de l'au-delà où l'on se trouve après le choc de la mort, quand on est encore en état de rêve et qu'on risque d'être terrifié quelque temps par des larves ou des forces inférieures auxquelles leur propre infériorité donne des aspects terribles.

Je rapproche de cette indication ce qu'une voyante du colonel Caslant rapporte d'après les paroles d'un ancien moine. Il disait que *« ceux qui partent de la Terre avec une haute idée de l'espace ne voient pour ainsi dire pas les choses pénibles de la sphère astrale. Ils suivent leur rêve. »*

Cela revient à dire que l'exercice de la concentration permet le refuge en soi-même à l'heure de cette traversée que certaines religions et certains occultismes annoncent comme menaçante. Et c'est logique. C'est aussi heureux.

Les manières d'être teintent le caractère de la prochaine vie, mais les actes lourds s'imposent par leur poids et le crime aura une conséquence quasi immédiate.

Le meurtrier si sa bassesse ne l'entraîne pas hors de l'humanité, aura une vie courte et tranchée par un meurtre. Mais les vrais déterminants sont les vertus et les vices qu'on aura volontairement développés.

Celui qui aura été bon et compatissant aura une vie longue et agréable. Celui qui aura le goût de frapper renaîtra avec un état maladif. L'orgueilleux et le colérique auront mauvaise mine, tandis que celui qui sera d'une nature égale renaîtra avec un extérieur gracieux. L'envieux sera dépourvu de tout ce qu'il a envié tandis que celui qui se réjouira du bien des autres renaîtra avec une grande puissance. Celui qui respecte ce qui mérite le respect, qui salue, offre un siège au vieillard, renaîtra dans une grande famille. L'homme, même instruit, qui ne pose pas de question au sage qu'il rencontre, celui qui est sans curiosité, renaît avec une ignorance accrue et une difficulté à s'instruire. Il est donc prudent d'interroger les sages, les rares fois, les bien rares fois où on est mis en leur présence.

« *Les êtres sont héritiers de leurs actes. C'est l'acte qui répartit les êtres* », a dit le Bouddha. Il semble que ce serait plutôt le désir qui devrait être considéré comme l'élément constructeur. Un homme qui nourrit dans une vie des désirs de meurtre, renaît meurtrier et l'est davantage que celui qui commet un meurtre rapide puis s'en repent, ou cesse d'y penser, étant peu enclin aux responsabilités. Celui qui a rêvé de tuer tuera et celui qui a tué sera tué à son tour. Mais cette action qu'il subira pourra lui inspirer l'horreur du meurtre.

Mais dans quelle mesure les correspondances sont-elles rigoureuses ? On sent bien que ce serait demander aux Li-pikas un travail surdivin que d'exiger de ces Divinités un contrecoup exact, pour chaque créature, de chaque action et de chaque désir. Une certaine marge leur est nécessaire. Et il peut y avoir des oublis, causant ce que nous pourrions appeler une injustice. L'acte a un cheminement tellement impossible à concevoir qu'il doit parfois s'égarer et ne plus se retrouver.

Il y a dans l'Inde des livres qui fixent toutes ces correspondances avec l'autorité de la certitude. Il est difficile de nier l'ensemble de la théorie, mais il est difficile aussi de croire aux détails de l'application. Il est plus sensé de penser que chacun enregistre sur un invisible appareil qui lui est personnel une certaine somme de joie ou de douleur qu'il doit subir en vertu d'un inconnaissable mécanisme spirituel et d'une inconnaissable réaction des intentions et des actes sur l'homme. C'est cela qui nous échappe et qui fait partie du domaine non contrôlable. Une foule de choses vraies ne tombent pas sous le témoignage des sens.

Mais ce qui semble douleur dans une vie et par conséquent juste châtiment d'une mauvaise manière d'être, peut devenir joie dans une autre existence. Si un paysan se montre rebelle à l'instruction, cela paraîtra une logique punition ou plutôt un contrecoup normal s'il est forcé par les circonstances inattendues d'une vie suivante de lire tous les livres d'une bibliothèque. Mais ces mêmes circonstances ou plutôt son effort personnel auront pu faire de lui un lettré et alors il sera récompensé par la bibliothèque au lieu d'être puni. Cet exemple fortifie la théorie. Car cet homme se sera perfectionné et dans la mesure de la perfection acquise, la loi, en vertu de sa sagesse complexe, lui permet d'échapper à son Karma.

C'est que cette Loi est diverse, selon le développement des individus. Elle doit être modifiée par l'intervention de la mort et la façon dont on jouit des différentes manières d'exister entre la mort et la naissance nouvelle. La grande majorité des individus, s'endort après le choc de la mort et à son réveil n'a pas la possibilité de permettre à sa conscience de triompher de quelques idées fixes. Elle ne sait pas mettre à profit le temps, souvent très court, passé dans un état spirituel et se hâte de rentrer précipitamment dans l'instrument de jouissance qu'est un corps. Un petit nombre d'hommes avertis seront seuls capables grâce à une culture spirituelle durant la vie, de retrouver leur conscience et de la développer. Durant ce temps ils n'auront pas les effets de leurs actes qui ne peuvent se réaliser que dans le monde physique.

Mais ils auront les effets de leurs pensées. Ils purgeront leur Karma spirituel et quand ils renaîtront, ils seront différents et éprouveront différemment le Karma des actes, arbitrairement appelé récompense ou châtiment. Cela revient à dire que les uns se développent dans l'au-delà et que les autres ne s'y développent pas, selon le nombre et la qualité des efforts accomplis et que ceux qui s'y développent changent à leur profit le Karma de leurs actes dans la vie suivante.

Le grand secret est que la Loi, rigoureuse et immuable dans le domaine physique, devient, quand elle manie des destinées, variable et changeante selon chacun et qu'elle obéit à un principe qui nous échappe et qui n'est pas conforme à notre justice.

En dehors de ce qui provient des traditions et des livres Hindous et Tibétains, quelques rares auteurs ont tenté de donner des renseignements sur cette loi de correspondances. On en trouve dans les écrits de l'anthroposophe allemand Steiner. Mais on en trouve trop.

Il expose des connaissances qui dépassent les possibilités humaines. Celui qui a une bonne vue le doit, d'après lui, à ce que, dans sa vie précédente, il a travaillé les mathématiques, ou plutôt *«pensé en formules mathématiques»*. Une ouïe particulièrement fine vient des nombreuses conceptions de formes architecturales. La prédisposition au mensonge vient d'une vie de superficialité et d'inconstance et le mensonge est lui-même la cause d'un état constamment maladif.

Outre le caractère d'incertitude de toutes ces données leur connaissance n'a pas d'utilité véritable. Peut-être peut-elle aggraver la responsabilité, mais qui n'hypothéquerait son incertaine vie future, au profit de sa vie présente, impérieuse et tangible?

L'ignorance qu'à l'homme de sa destinée est en rapport avec sa faiblesse d'âme. C'est une sagesse générale qui a coupé par les ténèbres de l'oubli le passage d'une vie à l'autre. L'effort pour se façonner soi-même n'a d'utilité que par l'ignorance du résultat. Et cette ignorance demeure à peu près absolue.

Y aurait-il un avantage à ce qu'en vertu d'une clairvoyance quasi divine on ait devant ses yeux le tableau de ses vies anciennes? Sans doute des hommes avancés pourraient-ils en tirer quelque utile enseignement, mais ceux-là ont déjà en eux le fruit de leurs expériences, fruit dont ils connaissent toute la saveur. L'ordinaire et basse humanité n'y verrait qu'une cause nouvelle de vengeance ou de douleur.

La nature nous paraît souvent illogique, cruelle, peu sûre d'elle-même. Cela tient, soit à ses tâtonnements de créatrice, soit à notre vue bornée. Mais elle a fait preuve d'une prévoyante sagesse en nous donnant l'oubli au lieu du souvenir, ce qui lui aurait été en somme aussi commode et nous aurait paru naturel.

En tout cas elle a indiqué avec précision une de ses inéluctables intentions. Toute chose doit s'acquérir au prix d'un effort incessant. L'effort est comme le désir une racine de la vie.

LA DESTINÉE ET LA CHANCE

C'est une opinion à peu près universellement admise que notre destinée est faite par notre inconscient. *« Je crois que c'est dans notre vie inconsciente – énorme, inépuisable, insondable et divine, qu'il faut chercher l'explication de nos chances heureuses ou contraires »*, a dit Maeterlinck. Et le docteur Allendy, parlant du déterminisme qui régit notre destinée dit que *« le facteur le plus important se trouve dans le psychisme inconscient. C'est de là que partent les sollicitations profondes. »*

Je cite à dessein les deux hommes éminents qui sont allés le plus loin dans l'étude du destin de l'homme et je me permets de les contredire.

L'inconscient, élément du destin, est la centralisation du Karma passé, c'est la somme de nos actes accumulés et devenus des tendances qui se préparent à se muer en effets, à devenir des événements.

D'autre part, il est indéniable que les influences des astres au moment de la naissance ou peut-être au moment de la conception, bien que l'Astrologie se limite aux influences de la naissance, ont une certaine action sur la destinée. Il faut donc qu'il y ait un accord entre les tendances qui sont la dominante d'un individu et les positions des astres au moment de sa naissance.

Comment cette harmonie peut-elle se produire ? Il faut supposer que l'être qui aspire à naître attend le moment où les influences célestes lui en donnent la possibilité, de même qu'il est obligé de guetter le germe favorable où il trouvera des moyens de réalisation.

Quel travail inouï pour les Lipikas ! De quelles gigantesques balances cosmiques ils doivent disposer ! Et quels instruments de précision il faut pour équilibrer un rayon de la planète Mars avec une tendance voluptueuse de la planète Vénus et des vertus intellectuelles créées par les efforts de la dernière vie, sans parler de l'apport héréditaire que va faire le germe où l'être descendra, à une minute unique marquée sur la fantastique horloge des Lipikas !

Une naissance humaine représente des miracles d'organisation. Et puisque ces miracles s'exercent pour les hommes, il n'y a pas de raison pour qu'ils ne s'exercent pas pour tous les êtres de la création, tous les animaux et tous les insectes. La plus petite fourmi se réincarne avec son Karma personnel, en accord avec l'hérédité de la fourmilière et le mouvement des planètes.

Mais ce qui est à proprement parler le destin de l'homme n'est pas son inconscient. C'est au contraire la partie supérieure de sa conscience, celle qui sera un jour en rapport avec le Divin, cette lucidité intuitive qui lui permet de juger, de prévoir, de choisir. L'inconscient est, certes, un des éléments de sa destinée, mais la valeur de cette destinée est dans sa faculté de le vaincre, de le dépasser, d'agir malgré lui et malgré ses obscurs entraînements en accord avec ce qu'il a entrevu des lois du monde.

Ce que l'on appelle la chance, le sentiment d'être aimé par les Lois mêmes de l'Univers qui s'organisent pour vous favoriser, c'est un don ailé, une harmonie de son être avec ces Lois qui ne vous aiment que parce que l'on se laisse porter par elles. Ce don ailé, ce sens de l'harmonie ne fait qu'un avec notre conscience supérieure. La chance a un certain rapport avec le génie artistique. C'est une sorte de sœur de ce génie, qui au lieu de se spécialiser dans la poursuite de la beauté, se plaît à guider l'homme sur le chemin de la vie en le baignant d'une brusque lumière, éteinte aussitôt.

Cette clarté rapide, c'est notre destin ou plutôt la part de notre destin qui nous appartient en propre, celle que nous avons créée. Nous sommes enchaînés à un corps, car nous appartenons à une famille humaine. Nous obéissons aux influences des planètes, car nous appartenons à un système cosmique et devons subir ses mouvements passionnels. Nous sommes conditionnés par notre passé, par nous-mêmes, par l'humble résultat de nos efforts. Poussés par toutes ces forces, nous lançons parfois, dans un éclair, une décision, une prière, une pensée qui est nous-mêmes, le résultat de combinaisons immémoriales. Est-ce là la promesse de notre liberté future, ou déjà sa première manifestation? Peut-on appeler liberté le résultat de tant de causes? Il n'importe, du reste, car l'illusion de la liberté équivaut à la liberté.

L'homme qui brusquement, par quelque démarche inattendue de lui-même ou d'un autre, voit intervenir la chance, a obéi à un ordre intérieur donné à son insu par sa conscience supérieure et a fait ce qu'il fallait faire pour modifier les événements en sa faveur.

La chance est sa création, le plus souvent, mais pas toujours. Car l'homme n'est pas seul. S'il n'est pas attentivement suivi par des puissances qui veillent sur lui, il peut pourtant être favorisé d'une aide, soit qu'il la demande, soit qu'un invisible ami se rende compte de son embarras. L'aide sera alors d'autant plus efficace que l'ami sera élevé dans les hiérarchies des êtres. Le plus favorisé est celui qui s'est créé le plus d'amitié dans le passé avec des esprits supérieurs.

L'état dans lequel on se trouve quand on est détaché de son corps, ne semble pas logiquement devoir conférer des vues spéciales sur les destinées humaines. Détaché par suite de la mort, ou pendant la vie pour une raison quelconque, pourquoi notre double aurait-il une connaissance du destin de ceux qui l'approchent, plus claire ou augmentée?

Voici un cas instructif cité par Bozzano et reproduit par Thomas Bret. Il s'agit d'une jeune femme, Mme J. P., qui a subi une opération chirurgicale et se trouve sous l'action d'un anesthésique.

« Je me sentais en tout moi-même bien que sans mon corps. J'étais transformée en esprit et croyais avoir atteint la paix tant désirée au moyen de la douleur. Je contemplais en bas mon corps étendu inerte sur le lit. Dans la chambre se trouvaient les deux sœurs de ma belle-mère, dont l'une, assise sur le lit, réchauffait mes mains et Vautre, debout de Vautre côté regardait. J'eus, je ne sais comment l'impression que des souffrances et des épreuves imminentes leur étaient réservées, chose dont

je ne me chagrinais pourtant pas, comprenant que cela faisait partie du schéma de leur vie. »

D'après ce cas, l'être détaché du corps a une vision plus étendue sur la destinée que l'être encore embarrassé de l'enveloppe matérielle. Mme J. P. a le sentiment de malheurs imminents qui vont frapper les deux personnes qui la veillent. On peut assimiler cette clairvoyance à celle qui suit la mort. Cela peut paraître normal à ceux qui attribuent d'immenses pouvoirs de vision à l'être, dès qu'il a franchi le seuil de la mort. Personnellement, j'ai toujours pensé qu'il ne pouvait avoir des pouvoirs accrus, à partir du moment où il était diminué. J'avais toujours considéré l'hypothèse que la conscience avait des liens étroits avec les organes physiques qui lui servaient d'expression et je pensais que tout en gardant l'existence elle devait perdre une partie de sa lucidité et de son pouvoir de direction. Je ne peux m'empêcher de noter avec satisfaction un témoignage contraire. Non seulement cette jeune femme détachée de son corps a toute sa conscience, mais elle voit une partie de la destinée proche de ceux qui sont auprès d'elle !

Il est vrai qu'il ne s'agit pas d'un état après la mort, mais d'un état analogue et tout de même très différent. Puis les degrés de conscience varieront selon le développement des individus et Mme J. P. pouvait être en 1908, date du récit, une créature parvenue à une grande supériorité.

Je retiens pourtant cette vue de l'avenir immédiat qu'elle a manifestée et qui a coïncidé avec un pouvoir de comprendre le schéma du destin de deux personnes présentes et de le comprendre dans son rapport avec les épreuves à subir. La compréhension de ce rapport est l'équivalent de la plus haute sagesse. C'est une grande promesse de penser que nous pourrons accéder à cette compréhension, même partielle, quand nous serons détachés de notre forme physique. Le signe de la supériorité est l'accession à ce plan où les destinées commencent à être visibles.

ESSENCE DE LA PROVIDENCE

Il eut-il y avoir une intervention de la Providence, telle qu'on la sollicite, au cours d'événements douloureux ? L'idée de Providence suppose un ordre préétabli, une nécessité. Demander à l'ordre d'être subitement troublé pour un intérêt particulier, de devenir le désordre a quelque chose d'invraisemblable, de contradictoire. Les événements se produisent par un long enchaînement de causes et d'effets. Vouloir que cet enchaînement soit bouleversé équivaut à demander que par exception, pour faire plaisir à celui qui demande, deux et deux ces sent pour une fois de faire quatre.

Et pourtant, dans une certaine mesure, ce qu'on appelle la Providence et qui n'a ni visage, ni chevelure, peut-être pourtant une main, la Providence peut intervenir et obéir ou paraître obéir à la prière. Dans ce cas, c'est que la prière a su être modificatrice, en se servant des éléments qui sont à sa disposition.

Il faut se représenter la chaîne des événements comme une longue tige flexible, où chaque chaînon engendre le chaînon suivant et où l'origine de la tige est dure, irrévocable, tandis que sa dernière partie est encore à peine formée et modifiable. Les chaînons d'en bas sont les causes qui sont devenues des faits et sur lesquels on ne peut plus rien. Ceux d'en haut ne sont encore que des intentions et des possibilités. Ce sont ceux-là que la prière, avec les éléments dont elle dispose, pourra modifier, en descendant le plus bas possible, jusqu'au point où les causes ne sont pas encore matérialisées et sont sensibles à des mouvements relevant du psychisme.

La force dont dispose la prière est celle de l'amour et de la puissance réalisatrice du désir. Les causes de tous les événements sont spirituelles et leur irrévocabilité vient de ce qu'elles deviennent des faits matériels. Tant que cette transformation n'a pas eu lieu, on peut agir sur elles.

La prière peut acquérir un pouvoir de construction. Avec des images représentant son vœu réalisé, elle peut bâtir un édifice puissant et solide qui s'imposera dans le monde des causes, qui sera tel que la succession des chaînons sera obligée d'en tenir compte et de se modifier pour s'adapter à elle.

Il y a donc deux éléments, la construction du vœu dont on doit imaginer la réalisation dans tous ses détails et la descente le long de la chaîne qu'on modifie d'autant plus qu'en en comprend le jeu et qu'on en aime les éléments.

Une conscience générale se tient à la fois à l'intérieur des événements et hors d'eux. L'ensemble de ce qui est toutes les choses, toutes les pensées, toutes les planètes, doit être son corps. Mais dans quelle mesure réagit-elle sur ce que nous voyons ?

Nous étant fait une certaine conception de la justice nous voulons à tout prix que cette idée soit adoptée par la pensée divine et qu'une intervention vienne l'imposer au monde. C'est une exigence déraisonnable. Aucun tremblement de terre n'a jamais eu de but moral. Les événements historiques ne portent aucune marque de pensée directrice les acheminant vers un but. On voit les citoyens justes persécutés par des tyrans qui ne sont pas punis. Les civilisations sont anéanties par de grossiers barbares. Ces barbares s'installent, cassent les statues divines, boivent dans les coupes sacrées, font des cornets avec les plus précieux manuscrits et meurent paisiblement de vieillesse entourés de leur famille barbare.

Les châtiments sont plus loin, dira-t-on. Mais s'il n'y en avait pas ? Et pourquoi y en aurait-il ? Ces barbares tuaient avec un cœur innocent. Les mauvais en pratiquant ce que nous appelons le mal, peuvent travailler à leur propre anéantissement. Puis, la douleur peut porter en elle cette vertu de perfectibilité qui lui a été souvent attribuée ; chaque douleur peut conférer à celui qui l'éprouve un mystérieux bon point de félicité valable pour le temps qui suit les transformations.

L'existence d'une Providence comporte un plan préétabli par un esprit divin qui a en vue la perfection ou plutôt une perfection conçue par lui. Il y a des traces de ce plan.

Mais on ne voit pas qu'il y ait certitude de la réussite du plan. Il semblerait plutôt qu'il y eut tentative divine, essai énorme dont le résultat est inconnu et dépend d'éléments divers, parmi lesquels la pensée humaine est un des plus importants. Au sein de cette tentative, il y a des réactions de certaines parties pour la réussite de l'ensemble et ces réactions sont nommées Providence quand elles s'exercent au profit de certains hommes. *« C'est providentiel ! »* s'exclament-ils alors. Ou bien : *« la Providence veillait ! »*

C'est que, dans ce cas, une créature qui s'intéressait au plan et qui y croyait est intervenue pour en aider une autre. Mais si la réussite était certaine et si chacun le savait, il n'y aurait plus d'effort, il y aurait paresse, immobilité et par conséquent la réussite certaine cesserait de l'être et il n'y aurait pas réussite. Pour que l'œuvre soit en marche, il faut que la conscience suprême elle-même ne soit pas sûre, qu'elle lutte, sinon sa tranquillité se transmettant de degré en degré, descendrait jusqu'au bas de l'échelle, engendrant l'inaction. La perfection, quel que soit son caractère doit être hypothétique, est soumise à l'effort et c'est pourquoi on voit, dans l'ordre immense de la nature, des prudences, des précautions, des ruses pour aboutir. La Providence est le résultat de la sollicitude de la Pensée Divine désireuse de voir réussir son immense projet incertain. Et de fait, il doit y avoir de prodigieux échecs cosmiques, comparables aux échecs de certaines âmes humaines qui aboutissent, par manque d'effort, à l'annihilation.

Ceux qui font appel à la Providence ont d'autant plus de chances d'obtenir un secours, qu'ils sont en harmonie avec la donnée générale, avec le sens du monde. Du point de vue de l'homme, ce sens est spiritualisation et amour. Celui qui agit d'une façon désintéressée pour l'œuvre divine est assuré d'un secours surnaturel. Ce secours lui vient très souvent d'une façon en apparence normale, la chaîne de la destinée ayant été harmonieusement maniée pour se prêter à cette aide.

DIFFICULTÉ QU'ONT À SE MANIFESTER LES AVERTISSEMENTS DE L'AU-DELÀ

Le plus grand événement qui puisse survenir dans la destinée d'un homme est la découverte qu'il existe au-dessus de son intelligence un monde supérieur auquel il peut arriver à participer par la purification de sa vie et la constance de son aspiration.

Il en est qui ont en eux cette connaissance dès l'éveil de leur pensée. Ces favorisés sont nés avec cette richesse intérieure. Beaucoup mettent des années d'effort pour l'acquérir et il arrive que le jeu même de leur pensée les éloigne à jamais du but. La plupart même s'ils accomplissent les rites d'une religion, traversent la vie sans savoir que la véritable réalité est au-dessus d'eux, à côté d'eux, et demeurent cristallisés dans leur ignorance.

Aussi l'on peut qualifier de providentiel l'homme ou l'événement qui vous révèle l'existence du monde inconnu.

Ma destinée personnelle changea à cause de la venue d'un livre dans ma vie. Mais un livre ne vient pas tout seul. Je dois plutôt être redevable de l'immense bienfait que je ressentis à l'amie qui me donna ce livre en me recommandant de le lire, ce que je n'aurais pas fait sans cette recommandation. Ou n'est-ce pas à l'auteur du livre que doit aller ma reconnaissance ?

Le livre était *La lumière de l'Asie* d'Edwin Arnold qui est une admirable vie du Bouddha dont je ne connaissais rien, ainsi que la grande majorité de mes contemporains lettrés. En remontant de cause en cause, n'est-ce pas au Bouddha lui-même que je suis redevable, plutôt qu'au poète anglais Edwin Arnold. Et l'éditeur du livre et les ouvriers qui l'ont imprimé n'ont-ils pas droit aussi à ma reconnaissance ?

L'intention étant l'élément essentiel, je dois reconnaître que ce fut cette bonne intention de l'amie qui fut à proprement parler l'intervention et c'est à elle que je dois de m'être transformé.

Il y a un moment dans la vie où les expériences accumulées vous rendent propre à recevoir le choc libérateur. Mais même quand on est arrivé à ce point, on peut attendre très longtemps dans l'ignorance et même revenir en arrière sur de fausses voies abandonnées. C'est alors que l'intervention est efficace et qu'un aide d'un autre plan peut vous faire un petit signe qui sera révélateur.

Il doit y avoir une grande difficulté à manifester ces signes dans le monde physique quand on est l'habitant d'un autre monde, car ils semblent très rares. Peut-être sont-ils très nombreux, mais nous sommes inattentifs et surtout nous ne croyons pas à la venue des signes. La force du doute règne sur les âmes. On entend souvent des gens faire le récit d'un phénomène inexplicable dont ils ont été les témoins et ajouter : *« J'ai vu cela. Il n'y a pas de doute que je ne l'aie vu. Pourtant je n'y crois pas. »* Ce doute obstiné vient de la peur d'être trompé, trompé non seulement par un homme, par quelque charlatan, mais par Dieu lui-même. La crainte de cette dernière tromperie est la plus sensible.

L'action sur la matière, qui résiste grâce à ses capacités de poids et d'épaisseur, doit être infiniment difficile si l'on ne possède pas d'organes pour agir sur elle.

Certains ont entendu une voix. L'exemple le plus célèbre est celui de Swedenborg à qui une entité a dit un soir, dans une chambre d'hôtel : *« Tu manges trop »*. Une telle injonction, dans le cas du voyant suédois n'est ridicule qu'en apparence. Toutes les facultés de clairvoyance de Swedenborg devaient être annihilées par son exagération à manger. Cette entité lui a dit ensuite être Dieu en personne. Cela ne prouve rien contre sa sincérité ou sa bonne intention. L'entité a pu se parer de ce titre pour simplifier, pour frapper son esprit et le déterminer à croire plus vite.

Dans certaines séances spirites, des esprits ou soi-disant tels ont déclaré être obligés de matérialiser à grande peine des organes de la parole, avec des cordes vocales pour pouvoir exprimer des sons. Les médiums sont souvent transmetteurs des paroles d'entités qui prennent possession de leur corps. Ces entités influencent alors leurs attitudes et les traits de leur visage, en sorte que le médium est à leur ressemblance, en même temps que sa voix a le timbre qu'avait de son vivant l'entité qui l'anime.

Mais des avertissements, des conseils sont parfois donnés directement dans le silence de la nuit au cours d'une méditation. On dirait alors que le message atteint l'esprit, s'imprime sur lui, sans autre intermédiaire. Je serais alors tenté de croire qu'il s'agit d'êtres d'un ordre plus élevé qui ont la capacité de s'adresser au mental de l'homme, sans passer par ses sens.

Je cite à titre de cas particulier un phénomène qui m'arriva à moi-même. Une injonction, fort brève d'ailleurs, me fut donnée une nuit par une voix si nette qu'il était impossible de la mettre en doute. Mais la courte phrase que j'entendis n'était pas matérialisée en sons ordinaires. Elle s'inscrivit dans ma pensée et malgré cela, elle sembla avoir une résonance et je perçus, sans qu'il me fût possible d'en douter, un léger accent. Cela est contradictoire si les paroles s'inscrivaient dans mon mental. Mais à la réflexion, il n'est pas impossible que le mental ne recueille la caractéristique des sons, en même temps que les sons eux-mêmes.

Il est difficile de savoir la raison pour laquelle injonctions ou avertissements ne se produisent pas plus souvent. Est-ce à cause de la négligence ou des occupations de celui qui pourrait les donner ou est-ce à cause de l'extrême difficulté que comporte la matérialisation de sons, quand il n'y a pas l'intermédiaire d'un médium ?

Un médium est un personnage qui fait sortir de lui, consciemment ou à son insu, soit une force, soit une matière qui permet aux entités de l'au-delà de se manifester dans notre monde. Alors toutes difficultés cessent. Il y a les paroles, des apparitions, des matérialisations. Des voix directes se font entendre. Des vapeurs circulent parmi les assistants, se précisent et deviennent des formes. Des boules lumineuses tournent. Des mains qui ont la couleur et la chaleur des mains humaines frôlent les visages des assistants. Des fleurs, qui sont alors appelées «apports», tombent du plafond. Quelquefois, des bustes de défunts ou de défunts entiers émergent de derrière un rideau. Car il y a un rideau, ce qui fait se récrier le sceptique et lui fait dire qu'il y a supercherie. Le sceptique ne réfléchit pas qu'un phénomène d'un ordre aussi délicat peut être impossible sous la pression de l'attention humaine ou d'une lumière, même atténuée. Une fois, je cite au hasard, une dame qui expérimentait, Mme F. Marryat, ayant donné imprudemment sa main à baiser à un visage errant qui avait de longues moustaches phosphorescentes et qui semblait bienveillant, eut la main brûlée par ces moustaches. Une autre fois apparut un singe d'un aspect si horrible que les assistants furent obligés de fuir et une autre fois – c'est William Crookes lui-même qui en fut témoin – un nuage lumineux passa sur un héliotrope, cassa une branche et l'apporta à une dame, comme si ce nuage avait voulu démontrer que la forme humaine n'était pas indispensable à une galante attention.

Ceux des savants qui sont aptes à étudier des choses nouvelles – la nouveauté semble horrible aux savants – ont eu toutes les preuves de ces phénomènes et les ont consignées dans d'indiscutables procès-verbaux. Du reste, beaucoup des phénomènes ont pu être fixés par la photographie. Ce n'est qu'à cause d'une volonté profonde, fondamentale de ne pas croire que les gens continuent à estimer que ces phénomènes sont des illusions. Certes, il y a beaucoup de faux médiums qui ne sont que des prestidigitateurs et qui servent de prétexte aux réfutations passionnées. Mais la volonté de nier est si grande que ces réfutations usent parfois d'une mauvaise foi qui égale le mensonge des charlatans.

Les phénomènes sont indiscutables. Leur cause exacte demeure inconnue ou plutôt elle est diverse. Les pures créations de la pensée donnent en images les mêmes résultats que les apparitions spontanées d'entités. Ces apparitions ont du reste besoin de la collaboration d'une pensée humaine pour se manifester. Grâce à cette habileté de la nature dans son dessein de séparer les mondes entre eux, les hommes pourront discuter à perte de vue à travers les âges, sans jamais s'entendre. Et peut-être est-ce bien ainsi.

Il semble que seules des entités inférieures utilisent le moyen d'un médium pour se manifester. Les défunts animés de quelque conscience et de fort bonnes intentions qui, après le passage de la mort, tentent, par ces voies imparfaites, de donner des conseils, des enseignements, ne peuvent apporter que les conseils et les enseignements qu'ils donnaient de leur vivant. La mort ne confère aucune omniscience. Ces morts, obstinés à instruire, ne font qu'obéir à un mécanisme d'instruction qui les dirigeait pendant leur vie. On doit les louer de leur bonne pensée, mais les engager dans la mesure du possible à poursuivre leur voyage sur une route qui n'est pas infinie pour tous et qui est peut-être d'autant plus courte qu'on s'y arrête fréquemment, contrairement aux ordinaires routes humaines.

Parmi les êtres du monde inférieur qui se pressent autour des médiums, agissant à rebours de la Loi, il y a tous ceux qui sont avides d'éprouver, même d'une façon fugitive, les sensations perdues de la matière. Ulysse, jadis, les écartait avec une épée. Une affectueuse pensée est plus efficace et aussi plus protectrice. Ô vaines ombres, allez en paix loin des médiums !

Et comme pour toutes les lois rigoureuses, il y a des exceptions. Des liens puissants entre les êtres, quel que soit le degré où ceux-ci sont placés sur la grande échelle mystérieuse des hiérarchies, occasionnent des pensées d'entraide et des réunions inattendues. Il n'est pas de chemin vulgaire pour répondre à l'appel de quelqu'un qu'on a aimé. Il nous arrive d'intervenir favorablement dans la vie d'un grillon ou dans celle d'un oiseau. Ainsi un être plus grand que nous par l'intelligence peut avoir une raison de nous secourir.

On peut citer l'intervention de celui qui sous le nom d'Imperator dicta des enseignements à Stainton Moses, malgré l'esprit assez borné que cet homme cultivé ne cessait pas de lui opposer. Et aussi celle du peintre Vitellini qui fit écrire « *La survivance de l'âme* » au peintre Cornillier, soit par fraternité picturale, soit par amitié pour la jeune modèle qui lui servait de médium.

Les enseignements contenus dans ces deux ouvrages sont d'un ordre indiscutablement élevé, tout au moins au point de développement où la moyenne des hommes est arrivée. Doit-on croire tout ce qui y est contenu? Quel que soit le degré atteint il ne comporte jamais une connaissance absolue. Chacun emporte ses erreurs et même ses partis pris à travers les différents états, avec le même soin que ses vérités. Car les lois du monde ne se dévoilent qu'avec une extrême lenteur. L'horizon s'élargit à mesure que l'on avance et la difficulté de comprendre augmente avec l'étude de la vision. Shopenhauer l'a dit avec raison:

— *«Plus un homme est inférieur par l'intelligence, moins l'existence a pour lui de mystère, toute chose lui paraissant porter en elle-même son explication.»*

LE COUP À L'ÂME

Le coup à l'âme est un cas tout à fait digne d'attention et, à ma connaissance, unique dans son genre, qui est rapporté par l'abbé Fournie, disciple de Saint-Martin et de Martinez de Pasquallys.

Il faisait partie de ces hommes qui sont en proie au doute. *«Je criais vers Dieu, dit-il, pour que, s'il existait réellement, il vînt me secourir. Mais plus je réclamais Dieu, plus je n'entendais pour toute réponse intérieure que ces idées désolantes : Il n'y a pas de Dieu, il n'y a pas d'autre vie. »*

Mais l'abbé Fournie était visionnaire. Il avait des visions qu'il attribuait à son maître Pasquallys, et qui étaient tellement fréquentes qu'il en était obsédé. C'est ce qui arrive quelquefois pour ceux qui parviennent à ce redoutable pouvoir sans qu'il soit équilibré par une vie pure et une certaine sagesse.

Un soir, vers dix heures, prosterné dans sa chambre, l'abbé Fournie entend la voix de son Maître Pasquallys qui était mort depuis plus de deux ans. Cette voix semblait venir du jardin. Mais l'abbé Fournie vit aussitôt Pasquallys debout devant lui. Il était accompagné de son père et de sa mère morts aussi depuis longtemps et aussi *« d'un autre être qui n'est pas du genre des hommes »*.

Il ne donne pas davantage de détails sur cet être et c'est bien dommage.

Il parla avec eux fort longuement *« comme les hommes se parlent entre eux à l'ordinaire »* et jusqu'à présent il n'y a rien d'extraordinaire dans le récit de cette nuit. Rien d'extraordinaire, bien entendu, pour ceux qui sont accoutumés aux récits d'apparitions de personnages morts.

Mais voici ce qu'il y eut de particulier dans cette scène et d'inaccoutumé.

L'abbé Fournie dit avoir passé une terrible nuit.

« Je fus entre autres choses légèrement frappé sur mon âme par une main qui la frappa au travers de mon corps, me laissant une impression de douleur que le langage humain ne peut exprimer et qui me parut moins tenir au temps qu'à l'éternité. Ô mon Dieu ! si c'est votre volonté, faites que je ne sois plus jamais frappé de la sorte ! Car ce coup a été si terrible que, quoique vingt-cinq ans se soient écoulés depuis, je donnerais de bon cœur tout l'univers, tous ses plaisirs et toute sa gloire, pour éviter d'être ainsi frappé de nouveau, seulement une seule fois. »

La description de cette douleur donne le frisson. On avait entendu parler de divers ordres de souffrances, mais on ignorait que la nature eût en réserve ce coup donné à l'âme, qui tient à l'éternité plus qu'au temps, comme s'il était donné par un élément cosmique divin. Souhaitons que ce soit un coup exceptionnel causé par quelque pratique spirituelle spéciale à laquelle dut s'adonner l'imprudent abbé Fournie.

Pour nous éclairer sur la cause de ce redoutable effet, nous n'avons pas le deuxième volume du livre que l'abbé Fournie publia à Londres en 1819 et qui contenait *« des choses qu'on ne peut pas publier »*. Le premier volume est lui-même introuvable, en vertu de cette tendance qu'ont les livres très intéressants, soit à dématérialiser leurs atomes, soit à tomber entre les mains de bibliophiles égoïstes qui les ensevelissent dans le tombeau de leur bibliothèque secrète.

Mais on trouve ailleurs l'indication d'une grande douleur d'ordre spirituel qui pourrait avoir des analogies avec le coup à l'âme de l'abbé Fournie.

Ramakrishna, le grand saint hindou de la fin du XIXᵉ siècle au dire de tous ceux qui l'ont approché, était le seul Maître connu qui ait eu le pouvoir de communiquer un état voisin de l'extase, rien que par le toucher de sa main. Il pensait que les disciples qui venaient vers lui, lui étaient envoyés par la Mère. *« Je vois alors leur Soi »*, disait-il, *« comme à travers une boîte de verre »*.

Il refusa à plusieurs reprises à un homme dont il avait jugé les mérites, ou plutôt les démérites, de lui procurer l'extase qu'il sollicitait. Mais l'homme insista tellement, revint si souvent, qu'à la fin Ramakrishna céda.

Cet homme à peine touché par le saint, tomba en hurlant et se roula sur le sol, en proie à une souffrance terrible. Ramakrishna fut obligé de le frictionner et d'user de tout son pouvoir pour le calmer.

— « *Ce ne sera pas pour cette vie* », dit-il.

Cet homme n'était pas prêt. La rencontre de l'Esprit est peut-être infiniment douloureuse si on ne s'y est pas préparé. Peut-être l'abbé Fournie était-il semblable à cet homme et des passions qu'il ne connaissait pas étaient-elles encore vivantes en lui. Son Maître, en venant le trouver, tenta peut-être une expérience analogue à celle de Ramakrishna et ce fut cette expérience qui causa cette douleur au caractère mystérieux et que l'on peut assimiler à une brûlure de l'être spirituel.

Une brûlure ! Ceux qui ont imaginé l'enfer n'ont-il pas eu connaissance de cette forme de douleur et n'est-ce pas d'elle dont ils ont voulu parler en parlant du feu de l'enfer ? La présence du mal, si on le suppose élevé à une puissance extrême, doit représenter pour une âme parfaitement pure, une souffrance d'un ordre horrible. On peut imaginer que le contact de l'Esprit pur doit être une autre souffrance, d'un autre ordre, mais aussi intense, pour une âme impure ou partiellement impure.

Puissions-nous être protégés de la brûlure spirituelle, puissions-nous être délivrés de l'impureté qui en est la cause !

LA DESCENTE FOUDROYANTE
DE L'ESPRIT

Il y a un autre cas étonnant et très rare. C'est la descente foudroyante de l'Esprit. En voici un exemple pris chez une sainte chrétienne.

Il s'agit de Catherine de Gênes qui vivait au XVIe siècle. Sa famille, une des premières de la ville, la maria presque de force à un jeune séducteur débauché appelé Julien Adorne. Il était d'une nature mauvaise et la grande beauté de Catherine lui inspira au lieu d'amour, le désir de l'avilir. On ne peut savoir dans quelle mesure il y réussit. Après cinq années de malheur, ses parents persuadèrent Catherine de vivre pour elle et de profiter de sa situation et de sa fortune. Elle les écouta et pendant cinq nouvelles années se consacra uniquement au plaisir. Quand on a commencé à s'avancer sur ce chemin on va toujours extrêmement loin. Mais elle se lassa et connut ce qu'on appelle le néant du plaisir. Elle en fit part à sa sœur Simbania. Cette sœur connaissait un saint homme qu'elle lui conseilla d'aller trouver. Catherine se rendit le lendemain dans la petite église où il était prêtre et elle s'agenouilla devant lui dans le confessionnal.

C'est alors que se produisit la descente de l'Esprit. « *Catherine perd la parole et le sentiment. Le prêtre qui était entré au confessionnal, croit qu'elle se prépare en silence et la laissa à son recueillement. Le silence continuait. Catherine était en extase. Le temps passe. On vient chercher le prêtre pour une affaire pressante. Il s'en va. Il revient. Catherine est dans la même attitude et le même silence. Il l'exhorte à parler. Rappelée péniblement du fond de l'extase, elle fait un immense effort, mais ne peut dire qu'un mot. Mon Père, je ne peux pas parler. Si vous voulez, je remettrai à plus tard cette confession.* »

Ainsi cette extase que Plotin fit tant d'efforts pour atteindre et qu'il n'atteignit que trois fois, par le mystérieux mouvement de son âme, Catherine l'atteignit sans l'avoir appelée. On dirait qu'elle fut choisie par une puissance pour recevoir. D'après ce qu'elle raconta ensuite, elle avait eu la sensation d'une épée brûlante qui lui traversait le cœur. De cette heure data une transformation complète de son existence. Elle avait été possédée par l'amour humain. Elle se consacra désormais, presque avec fureur, à cet amour, c'est-à-dire à l'adoucissement des maux physiques des hommes dans un hôpital, la première tâche qui se présente aux créatures de bonne volonté.

Un autre saint du XIᵉ siècle, Jean de Matha, fut frappé d'une façon analogue à deux reprises. La première fois, priant dans l'abbaye de Sainte-Geneviève, il entendit une voix nette prononcer : « *Étudiez la sagesse, mon fils, et réjouissez mon cœur* ». Et il se consacra à l'étude de la sagesse qui, pour un homme de son temps était purement religieuse.

Une autre fois, pendant qu'il disait sa première messe devant l'Évêque de Paris et devait ainsi se trouver dans l'état d'exaltation requis, il eut une illumination. Il vit un Ange et deux esclaves, l'un Maure, l'autre Chrétien, chargés de chaînes. Il sut par cette vision qu'il devait se consacrer à atténuer les malheurs de l'esclavage. Un peu plus tard, il partit pour Rome et le Pape Innocent III, à qui il communiqua ses projets, eut exactement la même vision de l'Ange et des deux esclaves enchaînés. On croyait en ce temps-là à ces signes surnaturels. Le Pape y vit un ordre divin, de réaliser les projets de Jean de Matha. Il fonda l'Ordre des Trinitaires pour le rachat des captifs qui devait, pendant plusieurs siècles, supprimer un grand nombre de souffrances et, prolonger un grand nombre de vies.

On ne peut s'empêcher de se dire que les événements se sont déroulés dans ces cas et dans bien d'autres comme si, dans le monde invisible, se trouvaient des créatures, ou plutôt des volontés, désireuses d'agir sur les hommes et n'ayant pour cette action que des pouvoirs très indirects.

Ces volontés avaient l'intention bien arrêtée de modifier le sort des esclaves de Tunisie et d'Alger et celui des malades de l'hôpital de la Miséricorde à Gênes. Elles profitèrent des circonstances et d'un état particulier de ceux qu'elles avaient jugés propres à exécuter leur dessein. Leur méthode la plus habituelle et la plus aisée doit être une petite action quotidienne. Elles réunissent leurs efforts dans certains cas pour une action foudroyante. Elles se servent de ces images spirituelles que nous appelons des visions, qui leur donnent peut-être du mal à composer, mais que nous avons surtout du mal à percevoir et que nous attribuons d'ordinaire à notre propre création quand nous les percevons.

Il y a dans tous ces cas un élément qui devient physique, qui se matérialise en lumière et en feu. Quand l'esprit possède totalement un être, il est embrasé. Il brûle matériellement. Les vrais yogis aux Indes, ceux qui ont été authentiquement touchés par l'Esprit, se reconnaissent en écartant leur vêtement et en constatant sur leur poitrine la trace du feu intérieur dont la chaleur a changé la coloration de leur peau. De même, d'après Gorres, il y a de nombreux exemples de saints chrétiens allant se plonger dans la neige ou dans des rivières glacées pour éteindre une chaleur physique allumée par l'Esprit.

Il convient de noter cette contradiction. Les puissances spirituelles ont pitié de la douleur des hommes, en général, mais nullement de celle de leurs messagers, de ceux qu'elles choisissent pour leurs mérites. Elles n'hésitent pas à les laisser souffrir et brûler. De même, si on monte d'un degré ou de plusieurs et si l'on atteint la conscience générale, on voit qu'elle brasse les maux comme les joies, les naissances et les morts, avec une indifférence absolue.

Donc, à travers les règnes, la pitié inexistante chez l'amibe, apparaissant d'une façon rudimentaire chez certains animaux, plus répandue chez les hommes, se transforme, change d'aspect et sans doute disparaît à une certaine hauteur.

C'est une autre manière d'envisager le bien et le mal qu'ont les êtres supérieurs à l'homme. C'est une autre conception de la justice qu'a la conscience cosmique, conception valable pour d'autres consciences cosmiques, mais qui demeure incompréhensible au cerveau humain.

LES RÊVES COMME MOYENS
DE COMMUNICATION

Les ténèbres du sommeil servent parfois de tableau noir où certaines entités viennent tracer des avertissements prophétiques.

Le sommeil est une grande énigme et ceux qui ont scruté son essence disent également et tour à tour, soit que l'esprit y jouit d'un repos bienfaisant et silencieux, soit qu'il y est en proie à une activité d'ordre supérieur.

Maurice Maeterlinck dit dans un de ses livres que dans le sommeil, notre moi libéré de *« l'excroissance parasitaire qu'est la raison, recouvre plus ou moins son indépendance et erre à son gré ou au hasard. »* Il perd la notion de temps et d'espace et dans son vagabondage fantaisiste rencontre autant d'avenir que de passé.

Il est certain que pendant le sommeil l'esprit est sur un autre plan. Ceux qui ont étudié les rêves ont calculé que dans un chiffre très minime de secondes défile un grand nombre d'images qui ne pourraient le faire aussi vite à l'état de veille. Le rêve de Maury, jugé et guillotiné, a été cité mille fois. C'est donc que les rêves se forment dans un monde où le rapport du temps n'est plus le même, où le temps est beaucoup plus rapide.

Mais on ne peut pas faire découler de l'errance du moi dans un plan où il verrait l'avenir aussi bien que le passé, l'affirmation qu'un grand nombre de rêves sont prophétiques. De cette affirmation on pourrait déduire que tout est déterminé, est inscrit à l'avance sur un tableau et que l'esprit, sous certaines conditions, peut voir ce tableau.

D'abord, parce que l'on voit en rêve un événement futur, cela ne veut pas dire qu'on peut les voir tous. Les causes d'un événement peuvent être définitivement organisées et cet événement-là est perceptible à l'avance. Mais une foule d'autres peuvent être voilés jusqu'à la seconde de leur réalisation. Il n'y a pas d'exemple d'une vision prophétique immense, certaine, englobant l'ordre entier des choses. Les rêves prophétiques accidentels sont eux-mêmes entachés de certaines erreurs qui peuvent tenir à une mauvaise perception de l'esprit, mais aussi au caractère inconditionné des détails. M. Maeterlinck cite un exemple frappant. Il se voit en rêve bousculant une table et faisant tomber un flacon d'eau oxygénée sur un tapis beige. Trois jours après il fait tomber une bouteille d'acide sulfurique sur une carpette rouge. La partie de l'événement déterminée était la table bousculée, en vertu de sa distraction et de la position de la table. Mais le reste était modifiable par ses réactions personnelles.

L'esprit pendant le sommeil accède accidentellement à l'avenir immédiat, celui qui est déjà déterminé. Mais le tableau de l'avenir que l'esprit regarde est un tableau changeant, modifiable. Car des causes peuvent préparer un événement et le refléter sur le mystérieux tableau où l'esprit arrive parfois à l'apercevoir, mais à la dernière minute un facteur nouveau empêche l'événement de se produire. Il arrive que des rêves d'apparence demi-prophétique annoncent des choses qui ne se réalisent pas. Mais l'esprit humain est ainsi fait qu'on ne tient pas compte des erreurs du rêve pour ne s'émerveiller que de ses annonciations. De même, chez les voyantes, ne sont retenues que les prédictions vraies.

La menue monnaie des rêves n'annonce que des fragments d'avenir entrevus par hasard. Maeterlinck l'a dit lui-même, la connaissance de l'avenir par les rêves ne s'applique qu'aux faits strictement personnels et s'ils sont très prochains. Cela en général. Car il y a des exceptions et ce sont ces exceptions qui révèlent dans certains cas une intervention. Les petits rêves quotidiens sont formés d'ordinaire par les images incohérentes de notre esprit au repos qui garde sur le plan spirituel où il se trouve une sorte d'activité mécanique. Il peut voir et retenir un événement prochain qui le concerne. Sur ce plan les êtres conscients appartenant à un plan inférieur ne peuvent parvenir. Il n'en est pas de même des êtres qui ont atteint le monde de la pensée pure. Ceux-là peuvent donner par un signe ou une suite d'images constituant un songe, soit un conseil, soit un avertissement.

Pourquoi le font-ils si rarement? D'abord parce qu'ils n'en ont pas envie, leur vision plus large leur faisant peut-être juger sans importance nos inquiétudes terrestres. Ensuite, parce qu'ils sont limités par leur ignorance relative. Ils ne connaissent vraisemblablement de l'avenir que ce qui est tout proche, ce que nous percevons nous-mêmes accidentellement et ne retenons presque jamais. Leur conception est différente de la nôtre. La mort qui est une transformation que nous redoutons peut paraître à certains un bienfait qu'il faut souhaiter à ceux qu'on aime.

Ensuite et surtout, ils doivent avant d'intervenir, se heurter à une loi primordiale d'effort. L'effort est l'essence du monde. Il ne peut y avoir de création sans un effort continu. On s'enrichit dans la mesure où on accomplit l'effort.

Si on scrute les raisons profondes qui, en fin de compte font mouvoir les hommes et celles qui font mouvoir ou empêchent de se mouvoir les entités super-humaines, on rencontre sans cesse cette loi d'obligation de l'effort. Les entités qui seraient tentées d'intervenir dans notre destinée sont arrêtées par le scrupule de nous priver du bénéfice d'un effort. Ils savent que ce qui ne sort pas des profondeurs de nous-mêmes non seulement ne nous agrandit pas, mais même peut nous diminuer.

L'intervention a lieu pourtant. Si rarement que nous doutons de l'existence de ceux qui interviennent. L'homme favorisé par une intervention, entend une voix ou voit se dérouler devant ses yeux un songe coordonné. Mais ce songe est composé souvent par une juxtaposition de symboles que l'entité, ayant perdu l'usage du langage, est obligée d'employer pour se faire comprendre. On est alors dans l'obligation de chercher l'interprétation de ces symboles.

Il faut écarter certaines explications comme celle qui donne pour cause à tous les rêves les désirs non réalisés et en particulier les désirs refoulés. Il importe peu qu'ils soient ou non refoulés. Sur le plan où ils se trouvent, ils sont tous également visibles. De même l'explication de Freud donnant à la vie sexuelle la régence des rêves n'a de vérité que pour des malades. Ni les couloirs ni les réverbères ne sont des symboles sexuels normaux. Et pourquoi d'ailleurs l'esprit serait-il hypocrite, une fois dégagé des liens sociaux ? Pourquoi emploierait-il vis-à-vis de lui-même ce symbolisme compliqué et invraisemblable, étant donné que les images du sexe se présentent d'abord à lui sous leur forme réelle ? Pour quel témoin créerait-il cette incompréhensible représentation qui a besoin du génie freudien pour paraître avoir un sens ?

L'esprit subissant le phénomène du sommeil forme des images mécaniques, de même que le corps dans les mêmes conditions a certains mouvements réflexes. Ces images privées de sens rappellent accidentellement un désir et même un désir sexuel. Le rêve n'a une portée profonde que lorsqu'on reconnaît en lui une organisation, ce qui est très rare. Il est alors, la plupart du temps, un tableau présenté dans un but déterminé par une entité étrangère à nous. Nous pouvons reconnaître la différence à ce que le songe organisé est retenu par la mémoire aussi exactement que si nous l'avions vu à l'état de veille. Les images employées sont des symboles. L'entité dépasse parfois la mesure et montre des images grossières, comme si elle s'adressait à un enfant. Puis il faut considérer que les esprits qui s'adressent à nous sont semblables aux grands philosophes de l'humanité et se complaisent dans un langage difficile à comprendre. Ce que nous admettons chez les plus intelligents parmi les hommes, nous devons l'admettre chez les Dieux.

Il y a un principe d'ambiguïté qui est inhérent à tout ce qui touche à la divination et aux songes et il faut s'y résigner. L'évêque Synésius, homme très sage, dit dans un traité sur les songes :

— « *L'obscurité est essentielle à la divination comme le mystère aux initiations sacrées.* »

Il n'en donne pas la raison et il se hâte lui-même d'être obscur dans le passage qui suit, bien que tous ses écrits soient remplis de clarté. Cette ambiguïté, pour être si constante, doit être d'origine divine et il faut la respecter tout en la déplorant.

Homère a parlé de deux portes par où passent les songes. L'une d'ivoire et l'autre de corne. Les songes qui passent par la porte d'ivoire sont trompeurs, les autres vrais. Il voulait dire, fidèle à la loi des énigmes, que les songes qui passent par l'ivoire, par les dents, ceux qui se manifestent par des voix sont illusoires, tandis qu'on peut se fier à ceux qui se présentent comme images, par la corne de l'œil.

On pensait dans l'antiquité que certaines langues sacrées comme le Devanagari ou l'Hébreu étaient le langage familier dans lequel Héros et Dieux s'exprimaient quelquefois. Mais, à travers les âges, un certain nombre d'hommes ont rapporté avoir eu des songes prophétiques et quelquefois sauveurs et ils n'étaient ni en Devanagari ni en Hébreu. Ce langage a dû toujours être assez rare.

Artémidore Ephèse qui est la grande autorité en matière de songes a affirmé que les Dieux étaient toujours fort clairs quand ils désiraient exprimer quelque volonté ou répondre à une demande. Mais les exemples qu'il donne de cette clarté sont un peu décevants. Ainsi un homme appelé Fronton, atteint de goutte, qui avait demandé une recette pour guérir, rêva qu'il se promenait dans les faubourgs de la ville. Le perspicace Fronton se frotta sans hésitation de propolis et fut soulagé. Il faut savoir que la propolis est une substance résineuse avec laquelle les abeilles construisent les abords de leur demeure. Fronton était sans doute apiculteur.

Ce symbolisme que l'on retrouve dans tous les songes est peut-être dû à la volonté des Dieux de ne servir que des hommes capables d'un effort d'intelligence ou d'une certaine vivacité d'esprit. Mais il est en tout cas le signe de la composition d'une intelligence. Comment l'inconscient auquel on a recours pour expliquer les songes, puisqu'il est inconscient, ferait-il preuve de choix d'images et de symboles complexes ?

Il y avait dans l'antiquité beaucoup de spécialistes chargés de l'interprétation des symboles du songe. De tels spécialistes comme les Pythies devaient mener une vie pure, ne manger que certains aliments, être chastes afin de ressembler le plus possible pour les comprendre aux êtres spirituels dont ils devaient expliquer la pensée. Pour les anciens, les songes étaient toujours des indications données par les divinités. Ceux qui avaient besoin d'un conseil d'ordre supérieur, au moment d'une détermination à prendre, allaient passer la nuit dans certains temples ou dans leur voisinage parce qu'à leur entour soufflait l'esprit divin. Tel Dieu qui pouvait ne pas penser à eux s'ils restaient dans leur maison où des actes trop quotidiens et vulgaires écartaient la descente de l'esprit, les visitait parce qu'ils étaient dans un lieu où l'atmosphère sacrée des prières était favorable à leur présence.

Cet usage est perdu et c'est bien regrettable, car il n'est pas douteux qu'il y ait des lieux où la présence de l'esprit se fait sentir plus que dans d'autres.

D'après le Zohar, une tradition dit qu'il ne faut raconter ses songes qu'à des personnes dont on est aimé. « *Ils se réaliseront parce que les amis auxquels on les racontera les interpréteront favorablement.* » C'est que l'énigme du songe, dans certains cas, étant conçue par des êtres d'amour, qui font tenir de l'amour dans toutes leurs créations, a besoin d'amour pour être interprétée et comprise.

D'ailleurs, Artémidore d'Éphèse pensait que les gens de mœurs dissolues, d'âme basse, ceux qui ne faisaient entrer aucun amour dans leur vie, n'étaient pas susceptibles d'avoir un songe d'origine divine, car ils ne pouvaient avoir aucun lien pour communiquer avec ceux qui donnent les songes.

FANTAISIE ET HUMOUR
DES MANIFESTATIONS

Sur l'énigme des songes se greffe une autre énigme : celle des songes incomplets, des avertissements à demi donnés, comportant des réserves, comme si celui qui révélait, voulait révéler et ne pas révéler en même temps.

Ce n'est pas l'ignorance qui est surprenante, c'est la demi-mesure. Les entités, même si on leur suppose une place élevée dans la hiérarchie des entités, n'ont que des connaissances incomplètes et leur vision de l'avenir doit être infiniment limitée. Mais pourquoi, quand elles semblent savoir, ne livrent-elles que partiellement ce qu'elles savent et qu'elles semblent vouloir dire ?

Pendant que Ponce-Pilate siégeait, jugeant Jésus-Christ, sa femme Clodia Procula, lui envoya un message. *« Ne vous embarrassez pas dans l'affaire de ce juste, car j'ai été aujourd'hui étrangement tourmentée dans un songe à cause de lui. »*

L'événement était d'importance. Pourtant il n'est signalé que cette seule tentative pour le modifier par une voie surnaturelle. Et la tentative est incomplète. La femme de Pilate n'a pas un songe décisif, éblouissant, qui l'aurait fait courir en personne supplier son mari. Elle est seulement *« étrangement tourmentée »*.

Quand un secours efficace avait dû être donné en rêve, l'Évangile de Mathieu nous rapporte qu'un Ange apparut à Joseph pendant son sommeil et lui enjoignit de fuir en Égypte jusqu'à ce qu'il lui eut donné un nouvel avis. Il est vrai que Joseph pouvait être un sensitif avec lequel la communication était aisée, tandis que la femme de Pilate pouvait avoir reçu une épaisse nature, rebelle aux visions et n'être susceptible que d'un songe confus.

J'ai lu il n'y a pas longtemps dans un journal le récit d'une in-dication incomplète. Le possesseur d'un trésor, un ancien pirate, apparut en songe à un homme qui habitait une vieille demeure pour lui dire qu'il avait caché dans sa cave, de son vivant, un trésor. L'homme se mit à creuser le sol de la cave, et pour ne pas donner l'éveil aux voisins, il allait chaque nuit jeter dans la mer qui était proche, la terre de la cave. Il pratiquait cela dans l'obscurité. Après de longues nuits de ce travail, il s'avisa d'examiner cette terre, au moment où il ne restait plus que la pierre sur laquelle la maison était bâtie. Il reconnut qu'elle était abondamment mélangée de poudre d'or. Il avait jeté le trésor à la mer. Il se suicida de désespoir. On ne peut comprendre la conduite du pirate. Il désirait bien faire bénéficier l'habitant de la maison de son trésor, puisqu'il vint le prévenir, sans que celui-ci l'eût sollicité. Pourquoi alors ne fut-il pas plus explicite ou ne revint-il pas informer l'homme de son erreur? Ne la connut-il pas, dans des ombres qui ne s'entrouvrirent pour lui que pendant quelques secondes? Le fait d'apparaître et de don-ner une information au cours d'un songe, demande-t-il un effort qui ne peut être accompli qu'une fois, surtout par un pirate qui n'a exercé sa nature qu'à des actions matérielles et très différentes?

Récemment, à Saint-Raphaël, la veille d'un tirage de loterie, quelqu'un vit dans un sommeil un billet de loterie avec son numé-ro, visible d'une façon assez impressionnante pour qu'il pût croire être informé du numéro gagnant. Il est impossible avec l'arrange-ment de notre loterie de se procurer un numéro que l'on choisit. Cette personne fit un vain les recherches possibles durant le temps très court qui lui restait et ne trouva pas le numéro indiqué. Or, ce fut ce numéro qui gagna non pas le gros lot, mais un lot d'un million de francs. Par quelle incompréhensible fantaisie ce numéro avait-il été indiqué à quelqu'un qui n'était pas un spécialiste de lo-terie et n'avait pas coutume de prendre des billets? Par qui avait-il été vu à l'avance? Par l'inconscient de l'individu, répondra tout le monde, pour se débarrasser d'une difficulté par une plus grande. Jamais on n'a pu prouver que l'inconscient eût de tels pouvoirs. Même dans ce cas, il est plus normal de supposer qu'un être se livre à une mystification ou à une expérience, après avoir eu une prévision, incompréhensible pour nous, d'un fragment de l'avenir où était inscrit ce numéro. Et le fait que ce numéro n'était pas le gros lot indique qu'il a pu voir ce numéro et pas un autre, notamment le numéro du gros lot, car c'est le numéro du gros lot qui aurait dû être normalement choisi pour éblouir l'habitant de Saint-Raphaël.

Il est admirable de constater – et cela remplit l'âme de contentement – que dans les manifestations de l'au-delà, d'où qu'elles viennent, apparaît très souvent une humeur joyeuse, un goût du comique que ne possède pas, dans beaucoup de cas, celui qui reçoit la manifestation.

Je ne parle pas de ces plaisanteries vulgaires faites dans certaines séances spirites autour des tables et qui sont engendrées la plupart du temps par la propre stupidité des expérimentateurs. Il ne faut pas confondre la grossièreté avec la gaîté. Je parle d'une sorte d'humour qui n'a rien de commun avec le plaisir de mystifier et qui est proprement la manifestation d'un état d'âme joyeux. Il faut espérer que cet état d'âme est fréquent sur les plans supérieurs au plan humain. Car sur ces plans-là comment peut s'exprimer ce que nous appelons la gaîté? Joies de l'extase, ivresses spirituelles, sont d'un autre ordre et, comme nous l'avons vu ailleurs, elles comportent après un long déroulement dans le sublime cette apparition de l'ennui qui est le frère inavoué, mais inséparable, de la perfection.

De même dans cette forme de la clairvoyance qu'on peut appeler l'énergie divinatoire et que possèdent parfois certains sujets, il y a un mystérieux sourire venu on ne sait d'où. Le voyant Pascal Forthuny passant, au cours d'une séance, devant une dame, ressent une vive odeur d'absinthe. Il dit à la dame son nom : Pernod. Devant le spectateur d'une autre séance, il s'arrête, ayant l'audition interne d'un nom : Cadet. Vous vous appelez Cadet, dit-il au spectateur. Non, réplique-t-il, je m'appelle Roussel.

Cette énergie divinatoire est de toutes les manifestations inexplicables, celle qui a le plus de chances d'appartenir en propre à celui qui la produit et de n'avoir pas sa source dans une entité étrangère.

Elle n'est toutefois pas le résultat de l'inconscient, mais du super-conscient ou du surmental, quel que soit le nom qu'on lui donne, en tout cas le contraire de l'inconscient.

M. de Fleurière, clairvoyant aux dons remarquables a dit au docteur Osty : «*Il est des cas où il y a en moi une autre personne mystérieuse, cachée dans les profondeurs de mon être, qui se révèle alors et c'est elle qui parle par mes lèvres, sentant, voyant et disant des choses que ma conscience normale ne saisit pas tout de suite.* »

Cette personne mystérieuse était vraisemblablement la force mystérieuse de son être. Mais il y a des cas où une entité s'empare du psychisme de quelqu'un qui a fait des appels mal dirigés et a ouvert sans le savoir, la porte la plus secrète, la plus inconnue, celle de la demeure intérieure. Il n'y a pas de différence essentielle entre ce qui est la manifestation d'une entité étrangère et ce qui vient de soi-même. Et il peut même arriver que les deux se produisent en même temps, quand la force extérieure est entièrement assimilée au point de faire partie de la conscience dont elle n'a d'abord été que l'hôte.

Ainsi la nature, dans sa complexité infinie, a brouillé les effets et les causes et cela semble faire partie de son dessein général qui oblige l'homme à méditer et à chercher la vérité dans la peine. Mais y a-t-il un dessein général et dans quelle mesure pouvons-nous arriver à le connaître ?

Il y a un dessein général dont on peut distinguer quelques vagues contours. La nature veut produire le phénomène de la conscience. Elle produit aisément la vie et la forme, mais elle est obligée de peiner pour en faire sortir la conscience.

Or, cette conscience au lieu de jaillir avec simplicité, comme le parfum sort de la rose, a besoin d'organes compliqués pour se manifester. Mais il lui faut ces organes compliqués parce que les êtres exigent, comme une rançon, les jouissances que donne la matière. Ils ne produisent la conscience qu'en vertu des possibilités de jouir que fournissent les organes. Mais cela jusqu'au stade humain. Les hommes qui ont atteint un certain degré de compréhension se rendent compte de la chaîne que constitue le plaisir. Ils y renoncent.

Et c'est ce renoncement qui permet la création de créatures sans organes pour jouir de la matière, sans enveloppe matérielle et par conséquent invisibles pour nous.

Le degré qui est au-dessus du degré humain doit comporter des êtres qui produisent la conscience sans entrave et avec aisance. Et ils doivent entrevoir une tâche supérieure dont nous ne pouvons avoir aucune idée, tâche qui ne se réalisera pleinement que lorsque le degré suivant sera atteint.

LES INTERVENTIONS DE VIVANTS

Les interventions peuvent avoir lieu par l'intermédiaire de vivants. Mais combien c'est rare! Dans le tableau des hiérarchies qui sont placées au-dessus de l'homme ordinaire, le rang le plus immédiat est occupé par ceux qu'on appelait dans l'antiquité des héros. Ces héros correspondent assez bien à ceux qu'on nomme aujourd'hui les Maîtres.

Comme il y avait jadis des monstres à exterminer, on les représentait volontiers avec une massue ou un grand arc. C'étaient parfois des législateurs comme Solon, mais plus volontiers des Prêtres comme les Prêtres de l'Égypte ou de la Chaldée, ou des Sages dont l'autorité était mal définie, mais toute puissante, comme les Rishis de l'Inde ou les Druides de la Gaule.

Leur sagesse appartenait à tous. On pouvait aller les trouver, les consulter. Ils guérissaient les maladies et l'on entreprenait de longs voyages pour arriver jusqu'à eux. Ils se groupaient en confréries qui communiquaient entre elles. Il y eut les Thérapeutes près du lac Maria à Alexandrie, les Esséniens d'où sortit Jésus, les Pythagoriciens, et bien d'autres groupes moins célèbres. Ces groupes formaient des sortes d'Écoles de Sagesse. Il en partait des missionnaires qui n'avaient pas le but de convertir à une religion déterminée, mais d'éveiller à l'esprit ceux qui étaient prêts. Ils créaient parfois des mouvements mystiques qui avaient pour base la religion du pays, modifiée par le désintéressement et l'exaltation.

On peut suivre en Europe la trace laissée par les frères spirituels. Il y eut aux IXe et Xe siècles les Pauliciens et les Bogomiles, au XIe les Chevaliers de Rhodes, les Catharins et les Patarins issus de Manès. Les Albigeois et les Chevaliers du Temple au XIIe siècle. Ceux-ci furent appelés à combattre ceux-là, car les Templiers défendirent une forme particulière de l'idéal humain. Ils voulaient faire régner l'ordre par la force en plaçant à la tète des peuples des oligarchies d'hommes intelligents et courageux. Il y eut au XIIIe siècle des fraternités comme celle des « *Winkelers* », les « *Begards* », les « *Frères du Libre Esprit* » et le « *Mouvement des Troubadours* ». Au XIVe siècle, les « *Amis de Dieu* » et les « *Fraticelles* » qui prêchaient un idéal de pauvreté issu de saint François d'Assise. Au XVe siècle, les « *Frères de la Lumière de Florence* », les « *Frères de Bohème* » et la continuation des « *Rose+Croix* ». Au XVIe siècle « *l'Ordre du Christ* », issu des Templiers, les « *Philosophes du Feu* », la « *Militia Crucifiera* » ; au XVIIe siècle les « *Frères Asiatiques* », les « *Quiétistes de Molinos* » et les mystiques espagnols ; au XVIIIe siècle les « *Chevaliers de la Lumière* », les « *Frères initiés de saint Jean l'Évangéliste d'Asie* », les « *Martinistes* ».

Mais on dirait que dans le XIXe siècle la faculté de certains hommes prédestinés à se réunir en groupes mystiques, est perdue.

Peut-être les initiateurs manquent-ils. Car l'humanité est étrangement pauvre et son développement vers l'esprit marqué du sceau de la lenteur. Un groupe ne représente guère qu'un seul homme dont la foi, l'intelligence, l'activité stimulent ceux qu'il réunit autour de lui et qui n'ont que leur bonne intention. Si cet homme disparaît, il n'y a plus rien. C'est lui le héros, lui le maître.

Si, selon l'hypothèse de Steiner (il la donne comme une réalité, mais on ne peut la considérer que comme une hypothèse), les hommes ont été abandonnés au XVe siècle par certaines intelligences constructives et invisibles, n'y a-t-il pas eu quatre siècles plus tard un abandon analogue des conducteurs visibles et humains qui avaient montré à leurs frères la Voie de l'Esprit. Il y a bien des signes d'un tel abandon, du moins en Occident, car en Orient, et surtout dans l'Inde, les Maîtres sont toujours assis parmi les pierres ou sous le banyans et ceux qui entendent le premier appel de la Voix Spirituelle trouvent aisément auprès d'eux les enseignements indispensables.

Si cet abandon a eu lieu, quelle en a été la cause ? N'est-il pas dans l'intention de la loi générale qui régit toute chose de laisser l'effort se manifester et de subordonner tout mérite à cet effort ? Après les grands troubles qui ont marqué la fin du XVIIIᵉ siècle, ceux qu'on appelle les « Maîtres « n'ont-ils pas pensé que le moment était venu d'abandonner les hommes à leurs impulsions ? Il faut, pour le penser, avoir la certitude réconfortante qu'il y a une Confrérie secrète d'hommes intelligents et plus développés que les hommes ordinaires que l'on rencontre dans la vie. Or, cela ne paraît pas douteux. L'intelligence, la sagesse supérieure, représente le plus inestimable des trésors et un trésor toujours menacé. Comment ceux qui l'ont possédé ne se seraient-ils pas groupés avec un inviolable secret pour le défendre ? On considère que les éléments supérieurs de l'humanité sont les grands hommes politiques, les grands généraux, les grands savants et on veut bien y ajouter quelques artistes. Mais il y a au-dessus de ceux-là une phalange plus haute, formée de ceux qui ont scruté les lois du monde et qui se sont occupés non pas de régir la matière, mais de connaître l'esprit. Certes, ils ne dirigent pas la masse des hommes, mais ils voient plus loin qu'elle, et peut-être ils indiquent, ils montrent parfois la Voie dans la mesure de leurs moyens limités, dans le cadre des Lois Générales, Lois qui doivent leur apparaître plus respectables et plus inviolables à mesure qu'ils s'élèvent eux-mêmes dans la compréhension du monde.

Mais pourquoi y a-t-il des Maîtres en Orient et n'y en a-t-il pas en Occident ? Car c'est là un fait indiscutable.

Il y a dans l'Inde des hommes qui joignent à la plus haute élévation philosophique, la plus grande sagesse, le détachement, la domination des désirs, ce que tous les peuples, dans tous les temps ont considéré comme l'idéal de la perfection. Un Anglais, Paul Brunton en mentionne deux ou trois dans le résultat d'une enquête qui a paru sous le titre de *L'Inde secrète*. Il n'a pas parlé du plus grand, Sri Aurobindo, qu'il m'a été permis d'approcher, peut-être parce qu'il l'a senti encore bien au-dessus de ceux dont il a dépeint la vie.

La présence de Maîtres au milieu d'un peuple est une richesse inestimable. Non pas qu'ils puissent faire un contrepoids quelconque aux tyrannies ou aux aveuglements de ceux qui dirigent, mais parce qu'ils hâtent l'invisible création de l'esprit au fond des âmes. Ramakrishna a dit : « *La foi vivante peut être donnée d'une façon plus directe et tangible qu'aucune autre chose ici-bas.* » Parole utile à connaître ! Ceux qui approchent un maître sont transformés, parfois sans le savoir. Ils ont reçu la foi vivante, ils ont pris quelque chose d'invisible qui est dans l'atmosphère, un élément spirituel dont ils n'auraient jamais connu l'existence sans cela.

Il n'y a pas de Maître en Occident. S'il y en avait un, un saint ou un mage, dans l'état de terreur et d'incertitude où sont les âmes, il verrait affluer une foule autour de lui. Mais il n'y en a pas. Et c'est là le plus fort argument de ceux qui pensent que les Maîtres ne sont pas organisés, qu'il n'existe pas ce qu'on appelle une Grande Confrérie Blanche. Car tous les Maîtres devraient, semble-t-il, en tenant un raisonnement d'homme ordinaire, être répandus en Occident, non pour une action matérielle, mais pour tenter de remédier à cette trahison de l'esprit qu'on appelle « la Science ». Les intelligents ont mis leurs facultés au service à peu près exclusif de la destruction. Il semble qu'il y ait une erreur de l'esprit, qu'il ait glissé sur une fausse voie. Jamais une intervention de Maîtres ne serait aussi utile. Or, on n'en voit pas trace. L'Occident est bien abandonné à lui-même, du moins selon toutes les apparences raisonnables.

L'attente de l'intervention des Maîtres ne se trouve du reste que chez un nombre de gens fort restreint. Ceux-là sont pleins d'espérance. Je ne parle pas des Théosophes chez lesquels s'était implanté un désir trop immédiat d'intervention qui ne pouvait pas être satisfait parce qu'il avait besoin de trop de merveilleux. Aussi les dirigeants ont-ils relégué leurs Maîtres dans une solitude si lointaine et si glacée qu'on ne peut les y joindre. Mais même en dehors d'eux, la légende des Maîtres, légende qui est certainement une réalité, comme toutes les légendes, subsiste.

Il y a environ deux ans, un jeune homme que je ne connaissais pas vint me raconter l'histoire suivante. Il était seul et triste dans sa chambre, à Montparnasse, je crois, après différentes épreuves très douloureuses. On frappa à sa porte. Il ouvrit et vit entrer un homme de noble aspect qui lui parut avoir une cinquantaine d'années. «*Je suis Saint-Germain*», dit-il. Le jeune homme pensa, en entendant ce nom, à l'oncle d'un de ses amis qui s'appelait ainsi. «*Je suis Saint Germain l'immortel*», dit le visiteur à son interlocuteur qui ignorait tout de cette immortalité. Et il prononça des paroles susceptibles de lui rendre courage. «*Vous serait-il agréable d'avoir la vision de quelqu'un que vous aimez?*» demanda-t-il. – «*Oui, de ma mère que je n'ai pas vue depuis trois ans.*» – «*La voilà.*» Le jeune homme vit comme un tableau apparaître devant lui et ce tableau représentait sa mère, légèrement vieillie, telle qu'elle devait être. Par le reste de la conversation, il sut que Saint-Germain était venu à lui par reconnaissance pour un de ses aïeux, Rose+Croix comme lui, et qui lui avait rendu service, en des temps très lointains.

La sincérité émanait de ce récit. Celui qui le faisait n'avait aucun intérêt à me le faire. Il n'était venu me trouver que parce que j'étais l'auteur d'une vie du comte de Saint-Germain que le hasard lui avait fait apercevoir dans une bibliothèque. Je sais que depuis, il a raconté et même publié le récit de cette visite, comme un événement qui a vivement impressionné sa vie. Comme je lui demandais s'il n'avait pas vu quelque trait digne de remarque: «*Si*», me répondit-il, «*j'ai bien cru voir un peu de neige sur son pardessus et pourtant, on était au printemps et il faisait beau dehors.*»

Je n'ai pas étudié la vie et le caractère de l'auteur du récit. Il m'a semblé plein de pondération, nullement enclin au merveilleux, et il narrait avec la surprise objective qui convenait. Dans un temps où l'on demande pour la moindre des choses des témoins, des attestations, des preuves, comme s'il n'y avait sur la terre que des imposteurs, je ne peux donner ce témoignage que pour ce qu'il vaut.

Le nom de Saint-Germain est celui qu'on donne à toute figure de Maître vu en Occident. Pour cela il est associé à beaucoup de démarches de charlatans. En dehors de lui, il n'est parlé que d'un Néoplatonicien appelé Hilarion, qui inspira Mabel Collins et dicta le livre de préceptes intitulé *La Lumière sur le Sentier* et aussi d'un autre Maître appelé « *le Vénitien* », parce qu'il aurait toujours présidé les centres occultes formés dans cette cité. Les noms de Gualdi et de Ludovico Cornaro sont liés au sien ainsi que celui d'Aldus Manutius. Il aurait, entre autres choses, guidé Marco Polo dans ses voyages. Mais cela est bien lointain !

Trois Maîtres pour l'Occident, est-ce beaucoup ou est-ce peu ? Mais qui pourra dire dans quelle mesure est faite la répartition des Maîtres sur la terre ? Où trouver des lumières sur un tel problème ? Et d'ailleurs à quelle pierre de touche reconnaît-on les Maîtres et ne nous est-il pas arrivé de passer à côté de l'un d'eux sans le savoir, car rien n'est plus invisible que la sagesse quand elle est très haute.

En principe il y a des Maîtres partout, même chez les hommes les plus primitifs.

Un missionnaire dominicain, parti en mission de Quito, rapporte en avoir rencontré un parmi les tribus sauvages des affluents inexplorés de l'Amazone. C'était un vieillard, Cacique de sa tribu, auquel les Indiens du Curaray obéissaient aveuglément et qu'il avait transformés d'une façon surprenante. Son influence s'étendait à une grande distance. Il était toujours suivi par un tapir et le Dominicain a vu des ours le lécher dans sa cabane. « *Je remercie Dieu* », dit-il, « *d'avoir mis sur ma route un type aussi achevé de la perfection évangélique, type si simple et si grand, si terrestre et si céleste !* »

Pour que le Dominicain s'exprime ainsi, il faut qu'il ait été en présence d'un personnage impressionnant. Mais on est obligé de convenir que, soit dans les conversations, soit dans les récits de voyage, soit au cours de sa propre expérience, chacun n'a entendu parler que bien rarement de semblables rencontres.

DE QUELQUES EXPLICATIONS

La puissance de l'incrédulité chez les esprits dits scientifiques de notre temps a engendré une forme superstitieuse de juger qui dépasse en superstition les aspects les plus simples de la foi du Moyen Âge. La statue de Darwin et celle de Lamarck, qui d'ailleurs attribuait l'ordre de la nature à *« l'auteur suprême de toute chose »*, a simplement remplacé l'image miraculeuse de l'antique saint. Ces nouveaux saints sont invoqués pour d'autres buts, mais aussi puérilement. La faute en est peut-être à la médiocrité que manifesta le spiritisme primitif et contre lequel on a réagi par une volonté de ne rien croire qui dure encore.

Peut-être aurait-il suffi qu'Allan Kardec écoutât moins rapidement les conseils de l'esprit Zéphir qui l'instruisit à ses débuts. Ce n'était pas un esprit très avancé, a-t-il dit lui-même. Il fut tenté par le désir d'être un prophète. Mais être prophète n'est pas tellement difficile. Tout dépend aux yeux de qui l'on passe pour prophète. Allan Kardec s'adressa tout de suite à un public borné et surtout avide d'avoir des entretiens directs avec Jésus-Christ et Jeanne d'Arc. Une certaine stupidité s'attacha au Spiritisme naissant et de cette stupidité, malgré les années, il n'a pu encore se laver. Le *« Livre des Esprits »* a collaboré à cet état de choses. Un peu plus tard Mme Annie Besant fit du tort aux idées théosophiques en essayant de les faire entrer dans des cadres de catéchismes. Les grandes idées doivent se rendre populaires toutes seules et elles savent fort bien le faire. Mais on les tue ne voulant les y aider.

Longtemps, on a expliqué toutes les manifestations de l'au-delà par des hallucinations et celles qui étaient perçues par plusieurs personnes étaient des hallucinations collectives. Ceux qui ne croient pas à une survie ni à l'existence d'êtres autres que les êtres humains, mais qui se sont toutefois rendu compte de la réalité indiscutable de certains phénomènes étonnants, donnent une explication ingénieuse. Voici ce que dit M. Thomas Bret, l'homme le plus érudit de notre temps sur tout ce qui relève du métapsychisme.

« Il y a deux réalités, deux objectivités, la réalité ordinaire ou naturelle et la matérialité surnaturelle métapsychique des individualités et objets ectoplasiés (M. Bret veut dire par là faits d'ectoplasme, c'est-à-dire d'une matière non encore analysée et tirée du corps du médium). *Cette dernière est éminemment malléable, plastique, diminue ou augmente suivant les circonstances ou les désirs du directeur des séances, »*

Mais le problème demeure. Les uns prétendent que les médiums dégagent une matière qui se répand autour d'eux et leur volonté, ou celle d'un témoin, s'en sert pour modeler des formes, sans qu'interviennent les êtres de l'au-delà qui n'existent pas. Les autres croient au contraire à l'existence de ces êtres, mais ils pensent que pour être perçus par nos sens et dans certains cas se matérialiser complètement, ils ont besoin de cette matière subtile que crée le médium.

Ce sont les faits qui devraient donner raison aux uns et aux autres. Chacun les interprète à sa façon, selon la faculté de croire qu'il a apporté mystérieusement à sa naissance. Car, dans ce domaine, on naît avec une opinion et comme j'étais en train d'écrire ces lignes on m'a rapporté le cas d'un enfant qui, né dans une famille très catholique, refusa dès l'âge de quatre ans, de réciter des prières et montra le plus grand dédain pour tout acte religieux. Dès qu'il sut s'exprimer et manifester sa pensée, il déclara qu'il ne croyait pas, qu'il ne croyait ni à cette religion ni à aucune autre et que tout effort pour l'obliger à croire serait inutile.

Je pense, personnellement que la seconde hypothèse est la vraie, non par sympathie irraisonnée pour elle, mais par l'étude des témoignages accumulés. Je crois même qu'une foule de faits baptisés surnaturels et d'apparitions se produisent sans médium, devant des gens qui n'ont jamais manifesté aucune qualité médiumnique, mais qui en ont peut-être sans le savoir. Car si l'au-delà se matérialise, il faut qu'il trouve sa matière quelque part.

Rien ne peut être prouvé d'une façon absolue. On ne peut appeler comme arbitre qu'une certaine vraisemblance générale qui se dégage de l'ensemble des faits. Voici un cas tiré des *Proceedings* et rapporté par Thomas Bret, avec ses explications.

« *Palladia était une jeune fille tuberculeuse de 15 ans, d'un développement au-dessus de son âge, pour laquelle Mamtlich, alors étudiant, avait une profonde amitié. Elle mourut subitement devant lui en 1873.* »

« *Deux ans après, en 1875, il assista à une séance de table tournante. Il croyait que les mouvements étaient produits par un farceur. Pourtant, de retour dans sa chambre, il voulut s'en rendre compte par lui-même et il posa ses mains sur une table qui frappa bientôt, le nom Palladia. Effrayé, il lui demanda ce qu'elle avait à dire. Réponse :* « Replacer l'ange : il tombe. »

« *Mamtlich comprit que ce devait être une statue placée sur le tombeau de Palladia.* »

« *Il ne dormit plus et il y alla à l'aube avec un gardien. Ils trouvèrent sous la neige la statue, qui était sur le point de tomber. Par ce fait, Mamtlich fut convaincu que l'esprit de Palladia s'était manifesté* (c'était la preuve, au contraire, que lui était un excellent métagnostique) »

« *L'année suivante, en 1876, quand il jouait au piano un morceau mélancolique, Palladia apparut.* »

« Elle avait la même robe foncée qu'elle portait lorsqu'elle mourut en ma présence. » *Depuis ce moment jusqu'à ce jour il la* « voie » *souvent et d'une manière irrégulière, tantôt trois fois par semaine, tantôt il passe un mois sans la voir ; jamais il ne la voit en songe* ».

« *Chaque fois, en voyant Palladia inopinément, je perds la parole, je sens du froid dans le dos, je pâlis, je crie faiblement et ma respiration s'arrête (c'est ce que me disent ceux qui par hasard m'ont observé pendant ce moment).* »

« *Elle ne lui parla que deux fois.* »

« *Un soir il se hâtait de finir un dessin, quand soudain il vit Palladia assise dans un fauteuil. Ses yeux le regardaient avec joie et sérénité.* « *Que sentez-vous maintenant ?* » *put-il lui demander, pour la première fois. Ses lèvres restèrent immobiles, mais il entendit distinctement sa voix prononcer :* « *Quiétude.* » *(Il est évident que la voix venait de lui-même comme le phantasme.)* »

« *En 1885, pendant une villégiature à la campagne, les parents de Mamtlich reçurent une dame et ses deux filles. Un matin Mamtlich, étant bien éveillé, Palladia apparut et lui dit en souriant :* « *J'ai été, j'ai vu.* » *Il ne dit rien à personne. Le même jour, la fille aînée de la dame raconta :* « *M'étant réveillée de grand matin, j'ai senti comme si quelqu'un se tenait au chevet de mon lit et j'entendis distinctement une voix me disant :* « Ne me crains pas ; je suis bonne et aimante. » *Elle ne vit rien. Il y avait eu de Mamtlich à cette demoiselle, télépathie personnifiée en Palladia. Cette télépathie se manifesta non par le phantasme de Palladia, qui aurait effrayé la percipiente, mais par le sentiment de présence, puis par des paroles amicales adressées à celle qui allait être l'épouse de Mamtlich. Cette double manifestation se produisit dans le météther...* »

« *Le point le plus important de l'auto-observation de Mamtlich, c'est que, au moment où s'extériorisait le phantasme de Palladia, il tombait en état de totale passivité.* »

« *Mais le phantasme de Palladia était un idéomorphe perceptible seulement par les suprasensitifs. Ainsi pendant l'apparition du matin le chien de Mamtlich en regardant dans la direction du phantasme hérissa les poils, gémit et se blottit contre son maître. Une autre fois, le fils de Mamtlich, âgé de deux ans, dit en montrant du doigt le phantasme apparu subitement :* « La tante. » *Le chien et l'enfant furent les seuls êtres, autres que Mamtlich, qui perçurent l'idéomorphe. L'objectivité de cet idéomorphe fut prouvée par deux révélateurs, l'animal et le petit enfant.* »

Voici un autre cas, cité par Bozzano, rapporté par Bret et que je résume.

« *Un certain capitaine Oldham s'étant suicidé, une certaine dame Wilson n'en informa pas sa fille, Minnie, âgée de 17 ans, qui était la filleule de ce capitaine et qui l'aimait beaucoup. Minnie se trouvait dans un couvent. Or, le jour de l'enterrement du capitaine Oldham, Minnie se trouvait dans la chapelle époussetant en compagnie d'une autre soeur et elle était montée sur une échelle. Elle aperçut une pensionnaire de ses amies qui n'était plus au couvent et qui lui fit signe de descendre et de la suivre. Ce qu'elle fit ou plutôt son double car, elle eut conscience de se trouver à terre et de se voir elle-même sur l'échelle. Ce phantasme d'amie la conduisit dans une chapelle réservée où personne ne pénétrait et dont elle put ensuite donner la description.* »

« *Elle s'agenouilla et sentit presque aussitôt que quelqu'un se trouvait à côté d'elle. Elle regarda et reconnut l'oncle Oldham debout auprès d'elle. Sa première pensée fut que sa mère avait négligé de l'informer de ce que son oncle se trouvait en Belgique; cependant, l'expression de grande souffrance qu'on lisait sur son visage la frappa. L'oncle Oldham s'approcha, lui tendit la main et dit:* «Minnie! J'ai fait une chose horrible! Je me suis ôté la vie, parce que la femme que j'aimais m'a rebuté, et maintenant je souffre terriblement. Je ne m'attendais pas à cela. Prie pour moi.» *Il expliqua que les prières le soulageaient et l'aidaient; et elle pria avec ferveur jusqu'au moment où son amie religieuse s'approcha de nouveau d'elle pour la reconduire à l'église; lorsqu'elle y fut arrivée, elle se retrouva sur l'échelle en des conditions d'étourdissement profond.* »

« *À partir de ce jour, chaque matin entre quatre et cinq heures, le fantôme de l'oncle Oldham continua à lui apparaître pendant de courts instants sans plus lui adresser la parole; ensuite l'expression de son visage se fit graduellement de moins en moins douloureuse. Voici ses paroles précises à ce sujet:* «Je priai fervemment pour voir se dissiper l'expression de souffrance terrible dépeinte sur sa physionomie lorsqu'il m'apparut pour la première fois; ensuite cette expression avait presque disparu.» *Le matin du jour où elle quitta le couvent, l'oncle Oldham lui apparut comme d'ordinaire; mais il ne s'est plus manifesté depuis qu'elle se trouve à Londres.* »

Si l'on n'est pas comme l'enfant de quatre ans dont j'ai cité le cas et qui portait l'incrédulité vivante dans les atomes de son corps, il me semble qu'on optera pour l'hypothèse la plus simple, la moins merveilleuse.

Il y a deux possibilités. L'une fait de ceux qui voient, des «métagnostiques» bien doués et de ceux à qui apparaissent des «idéomorphes» créés par la «métagnose». Elle n'explique pas, par exemple, comment un chien devient lui aussi «métagnostique». L'autre voit dans ces phénomènes des apparitions de morts qui se sont matérialisés. J'opte pour l'hypothèse qui se rallie au bon sens millénaire, et à la vieille croyance aux fantômes.

Dans les deux cas que j'ai cités et dans beaucoup d'autres cas, des fantômes de morts, animés d'une certaine conscience, sont revenus vers ceux dont ils étaient aimés durant leur vie, pour obtenir un secours, l'aide d'une pensée affectueuse.

Car la pensée affectueuse a l'air de jouer dans l'au-delà un rôle un peu analogue, en transposant, à celui que joue l'argent chez les hommes physiques quand ils sont organisés en société. L'affection est comme une lampe qui dissipe les ombres, une barque qui permet de franchir les illusions de distance et nous qui demandons si souvent aux morts des conseils et des directives, nous ne nous doutons pas qu'il y en a peut-être un grand nombre autour de nous qui viennent quêter cette aumône dont nous sommes si avares.

LES INTERVENTIONS DU MAL

Il y a de bonnes interventions faites dans un but de protection, comme celles où une forme quelconque vous avertit de ne pas prendre un train le lendemain parce que ce train doit dérailler et déraille en effet. Il y a des interventions qui ne sont ni bonnes ni mauvaises, qui donnent des conseils bizarres, inexplicables et dont la source est inconnue. Mais il y a aussi des interventions mauvaises, qui sont aussi fréquentes, même davantage, et semblent jouir d'un pouvoir sans limites de troubler l'ordre établi, dès qu'on leur a donné imprudemment le moyen de se manifester.

Dans l'Inde, en opposition aux Dévas, il y a une égale quantité de créatures immatérielles qui sont animées par les forces contraires et qu'on appelle les Asuras. Ce sont les Efrits de la religion musulmane et les Diables chrétiens. Au degré de la conscience divine, Dévas, Asuras, Anges et Démons doivent paraître comme l'expression de forces qui luttent, mais sont également excellentes pour travailler à un but où chacun joue son rôle. On ne peut malheureusement voir les choses avec l'œil Divin. On sait que le problème est différent, vu d'en haut, mais puisqu'on est en bas, il faut se résigner aux perspectives inférieures.

Dès que quelqu'un prend la résolution de mener une vie comportant plus de détachement et de dominer ses désirs par une discipline il voit accourir du fond des horizons qui sont en lui une foule de désirs actifs qu'il croyait endormis. Tout ce qui était refoulé reprend par réaction son ancien empire, en se revêtant d'images de séduction et en agissant parfois comme une personnalité. Est-ce notre inconscient qui se manifeste ou comme on le prétend aussi des entités étrangères ? Mais il n'y a pas une différence aussi grande qu'on le croit et on peut soutenir même que c'est la même chose. Car en s'éveillant, la partie inconsciente de nous-mêmes soumise au désir, éveille et entraîne des entités demi-conscientes, des « *éphialtes* » informes qui sont partiellement elle-même et constitueront l'élément matériel de la tentation.

Les vies des saints et des ascètes sont pleines de faits légendaires qui n'ont d'autre cause que des désirs refoulés dont la puissance agit sur la matière et qui, dans certains cas trouvent une aide dans une force aveugle et sourde, qu'on ne peut pas appeler un être, mais qui a la capacité de constituer des images selon l'imagination de celui qu'elle hante. Cette force retourne au néant si l'ordre formel lui en est donné par une volonté pure. Elle devient personnelle sous l'action du désir qui l'anime ; elle est le désir lui-même qui s'est confondu avec elle.

Mais il y a aussi des cas, beaucoup plus rares, où l'intervention vient d'une intelligence autonome et hostile. Si des êtres interviennent dans un but d'entraide, il est logique que d'autres font de même dans le but de nuire. Pourquoi, puisque ces êtres se trouvent dans un monde où la lutte pour la vie n'existe pas et où la jouissance de l'un n'est pas prise sur la part de l'autre et est même d'une nature incompréhensible pour lui ? C'est que la jalousie, mobile puissant des hommes vivants, demeure comme mobile des hommes morts. Dans le monde où l'on est dépourvu de corps physique, c'est même un mobile plus impérieux.

Nous voyons parmi nous que le plus grand motif de jalousie est celui que causent des qualités de désintéressement et d'amour. Ceux qui ne les ont pas et qui en comprennent la valeur sans avoir le courage de les acquérir haïssent ceux qui les ont d'une haine plus forte que celle que fait naître l'avantage de la richesse et de la situation. C'est une haine qui demande assez d'intelligence pour être éprouvée, mais qui est intense.

Or, ces qualités, qui ne donnent dans notre monde aucun avantage, apparaissent dans l'autre, comme les dons essentiels, puisqu'ils y sont analogues à la lumière et que ceux qui les ont sont les plus heureux en vertu de leur affinité avec le milieu où ils sont. La jalousie est donc décuplée et demandera à se satisfaire contre les vivants les meilleurs si toutefois ils ouvrent une porte au mal.

On peut expliquer ainsi que les saints soient les plus éprouvés par les forces inconnues, qualifiées de diaboliques.

Quand Pierre d'Alcantara priait la nuit, sa porte demeurant ouverte sur un corridor, il entendait hurler les démons et il recevait de grosses pierres qui réveillaient et jonchaient le sol de sa cellule.

Les pierres mystérieusement lancées reviennent souvent, sans doute à cause du caractère commode qu'elles présentent pour persécuter.

Françoise Romaine voyait des animaux monstrueux. Un jour qu'elle se préparait à prier et avait un grand livre de prières ouvert, elle vit un singe énorme qui le feuilletait gravement en remuant les lèvres. Mais elle avait un Ange à sa droite et parfois il faisait un signe et tout disparaissait comme s'il y avait une mesure à des persécutions qu'il avait autorisées.

Crescence de Kauffbeyern en 1744 voyait le démon comme un homme noir de forme hideuse. Parfois un démon, sous l'aspect d'un lion, la traînait par les escaliers. Une fois le lion la déposa sur un toit entre deux grosses poutres qu'il avait déplacées et on eut du mal à l'en tirer. Une autre fois ce fut au haut d'un arbre. Un jour le démon lui vola un plat qu'elle venait de préparer. Elle le frappa avec une cuillère à pot et tout le couvent entendit le mugissement de douleur qu'il poussa en fuyant.

Marie de Mœrl en 1830 vit des démons comme des êtres affreux parmi lesquels elle reconnut parfois des êtres qui demandaient des prières. Elle était consolée par un enfant au visage ingénu, tenant une rose, qui s'asseyait sur son lit puis disparaissait.

Les phénomènes attribués au Diable c'est-à-dire à la force mauvaise ont été étudiés de toutes les façons et il est inutile d'y revenir. Comme pour toutes les manifestations qui ont un effet physique, on peut dire que le mal ne tombe pas de haut. Il vient de la région attachée à la Terre, immédiatement voisine de la nôtre. Ce n'est que là que notre nature peut puiser des matériaux et les pétrir en fictions dont il s'épouvantera lui-même. C'est là que subsistent les âmes des hommes attachées à la matière et à tout ce qu'elle enferme de jouissance incarnée dans la chair et le sang.

Tous ceux qui, par curiosité, imprudence et affection non résignée, veulent communiquer avec l'au-delà par les moyens connus, doivent savoir qu'ils peuvent être en butte à des réponses inexplicables, à des tromperies décevantes, à des sympathies contradictoires. Il y a très souvent, dans les communications reçues, une déraison qui n'a de point de comparaison avec rien. Et quand il y a hostilité, elle se manifeste par des trahisons dont la bassesse ne pourrait guère être égalée sur la Terre.

Voici deux curieux exemples empruntés aux livres d'Aksakof, un des auteurs qui n'a rapporté de faits qu'après des enquêtes si méticuleuses, qu'on peut lui faire confiance. Cette même confiance peut être accordée à M. Maxwell que je cite ensuite.

« Un pasteur baptiste qui demeurait à Egham, près d'Oxford, recevait par la main de ses enfants des communications écrites de sa femme. Ces messages contenaient beaucoup de choses consolantes pour lui et présentaient beaucoup de preuves d'identité. Pendant quelque temps, le pasteur eut la conviction qu'il était en communication avec sa femme. Soudain, sans aucun motif plausible, le caractère des communications changea, les textes bibliques et les paroles de sympathie et d'affection firent place à des jurons et à des blasphèmes, et le malheureux mari dut conclure qu'il avait tout le temps été le jouet de la malveillance d'un ennemi invisible. »

« Un autre fait de même nature m'a été raconté par la personne même qui en fut le sujet : peu de temps après la mort de sa femme, une de ses proches parentes, une jeune fille de douze ans, commença à faire de la psychographie ; les communications avaient plusieurs points de ressemblance avec celles de l'exemple précédent, c'est-à-dire qu'elles venaient soi-disant de l'épouse défunte, et elles contenaient beaucoup de preuves à l'appui de cette assertion, entre autres beaucoup d'allusions à des événements que sa femme et lui étaient seuls à connaître et des allusions

à des conversations qui n'avaient eu lieu qu'en tête-à-tête. Mais mon ami, désirant obtenir des preuves plus décisives encore, posa des questions plus minutieuses; alors à son grand étonnement, il s'aperçut que la mémoire et le savoir de son interlocuteur ne s'étendaient pas au-delà des six semaines qui précédaient le décès de sa femme, et qu'il ignorait tout ce qui s'était passé avant cette époque. Quand il se plaignit à cet interlocuteur d'avoir été induit en erreur, celui-ci lui répondit par des invectives et des malédictions telles qu'il en resta terrifié. »

Tous ceux qui s'adonnent au petit bonheur au Spiritisme devraient lire, à titre d'instruction personnelle le récit de ce qui est arrivé à M. Vergnat, de Bordeaux et qui est raconté par M. Maxwell dans son livre: *Les phénomènes psychiques.* C'est un long récit que je résume brièvement.

Cela commence par l'achat d'une statue de la Vierge que M. Vergnat installa dans sa chambre. Il est à remarquer que beaucoup d'événements, heureux ou malheureux, ont pour début l'introduction d'une statue dans sa maison. Cette statue, dès les premiers jours, se mit à remuer toute seule au point que les voisins vinrent constater ces mouvements anormaux. On découvrit que la bonne de la maison, puis Mme Vergnat elle-même, étaient des médiums et M. Vergnat qui les endormait entra en conversation avec un esprit qui s'exprimait par leur voix. Il arriva plusieurs fois qu'il ne pût les réveiller parce que l'esprit était rebelle et voulait continuer à animer le corps du médium. Il donnait des conseils et il exhorta la famille Vergnat à des pratiques religieuses. Comme M. Vergnat s'occupait de bourse, il lui fit faire diverses opérations excellentes et gagner pas mal d'argent. La plus grande partie devait être consacrée à des œuvres de charité qu'il désignait et ainsi M. Vergnat allait visiter des familles pauvres qu'il ne connaissait pas et que l'esprit avait vues et lui désignait sans aucune erreur. L'esprit raisonnait comme un boursier émérite, employait même l'argot de bourse et avait une juste prévision des hausses et des baisses. Il disait à M. Vergnat que cela n'était pas surprenant, car il était Dieu lui-même, ce qui n'inspira aucun doute à celui-ci.

Il vint un moment où les opérations devinrent plus importantes. Toute la fortune de M. Vergnat fut engagée. La guerre de 1870 survint, que l'esprit n'avait pas prévue, deux jours avant sa déclaration. La guerre ne peut avoir lieu, disait l'esprit, puisque je suis Dieu et que je dirige les événements. Elle eut tout de même lieu et M. Vergnat fut entièrement ruiné.

En suivant le récit reproduit par Maxwell, on a le sentiment de l'intervention d'une volonté mauvaise un peu folle, compétente en bourse, douée d'un certain et exceptionnel pouvoir sur la matière, qui a choisi M. Vergnat comme objet de persécution, mais qui ne l'a choisi qu'à cause des pouvoirs médiumniques de deux femmes qui sont auprès de lui.

Il arrive quelquefois qu'un esprit qui se communique déclare, comme celui qui ruina M. Vergnat, être Dieu en personne. Cela devrait apparaître soit une prodigieuse illusion, soit une tromperie inexcusable et saugrenue. Chose curieuse, cela n'inspire jamais aucune méfiance, mais au contraire une recrudescence de foi.

Comment expliquer cette affirmation insensée ? Dépourvu de nom et de forme, l'être médiocre doit être la proie de ce qui domine en lui et l'orgueil possède presque exclusivement beaucoup d'âmes. Il n'y a pas de raison pour qu'une conscience sans équilibre ne s'altère après la mort au point de ne plus savoir qui elle est, puisqu'elle n'a plus le point de repère de son corps. Si elle se pose la question : « *qui suis-je ?* » elle pourra très sincèrement choisir la personnalité la plus haute qui soit à sa connaissance, c'est-à-dire Dieu.

Il faut noter que lorsque M. Vergnat ruiné fit de justes reproches à l'entité sur sa perfidie, la conversation devint confuse même inintelligible et M. Vergnat ne perçut qu'un seul mot : épreuve !

Mot redoutable et fort bien choisi par l'orgueilleuse et perverse entité, car c'est l'habituelle parole d'excuse de Dieu lui-même. Tous nos maux sont des épreuves et il faut les supporter avec allégresse, est-il dit de façon unanime, car ils nous sont envoyés pour notre bien par une puissance qui les distribue sagement à notre mesure. Tous les au-delàs consultés, tous les esprits supérieurs ou inférieurs, qu'ils proviennent du plus haut paradis, ou de la sombre région des remords, nous donnent l'assurance que notre souffrance est une épreuve juste et bonne et dont il faut louanger l'excellence.

Certes, cela est possible! Mais alors, mon Dieu, que ne nous avez-vous donné en même temps que l'épreuve si nécessaire, l'intelligence pour comprendre sa nécessité et le courage pour la subir?

LILITH REINE DE L'OMBRE

Lilith dans d'anciennes traditions juives est la reine du royaume de l'ombre. Quel est ce royaume ? Celui dans lequel nous sommes plongés chaque soir avec le crépuscule, celui de la nuit. On peut donner de Lilith une définition plus exacte en disant qu'elle est l'esprit demi-conscient de ce royaume limité dans l'espace et qui est formé par le cône d'ombre que la terre traîne éternellement après elle.

Car il y a une région qui n'est jamais touchée par les rayons solaires. Un cône d'ombre circule derrière la Terre, avec cette exactitude rigoureuse que mettent les ombres dans leur accompagnement. Si on assimile l'ombre à l'ignorance et au mal comme on assimile la lumière à l'esprit, on pensera que c'est là que demeurent toutes les créatures, conscientes ou non, qui, par affinité, redoutent les vibrations de la lumière et se réfugient dans le domaine qui a le plus de parenté avec le néant.

D'après un livre récent de MM. Desmoulins et Ambelain, certains astronomes ont détecté un second satellite de la Terre, un petit astre difficilement repérable dont parle déjà le Talmud qui donne le nom de flèches de Lilith à de petits aérolithes *de forme pyramidale et de couleur noire*, issus de lui.

Cette Lune Sombre dont certains magiciens d'Afrique appellent les images avec un miroir de goudron fournirait l'élément de matière dont les entités mauvaises ont besoin pour exister. Elle serait le support du mal.

L'âme de cette région, quand elle se personnifie ou se manifeste, s'appelle Lilith. Mais elle a une grande peine à se manifester, soit à cause de sa vastitude et de sa complexité, soit parce que le désordre qui est dans son essence empêche sa personnification. Mais elle entre dans les éléments de tout ce que nous nommons le mal, l'ignorance, la destruction, le néant.

La pureté lui est contraire. Toute pensée de pureté émise pendant la nuit rencontrera une résistance qui n'existera pas pendant le jour. Je parle de la pureté physique, car à un certain degré de dégagement des choses matérielles, le pouvoir de Lilith ne peut plus intervenir.

À Lilith, les antiques Hébreux attribuaient le pouvoir d'ôter le souffle aux nouveau-nés. Aussi aux quatre coins des chambres des nouvelles accouchées, écrivaient-ils : « *Hors d'ici, Lilith !* » avec les noms de trois Anges plus puissants qu'elle. Un de ces Anges puissants s'appelle Sammangloph qui doit évidemment garantir l'homme qui l'invoque sur le ton qui convient, de la menace nocturne.

Qui n'a pas connu cette menace ? Celui qui s'éveille après l'heure de minuit se trouve dans un état différent de celui dans lequel il était avant de s'endormir. Il est en butte à une sorte de faiblesse psychique qu'il n'éprouvait pas dans la journée. La cause n'en est pas à son court passage dans le monde du sommeil. Le sommeil offre une sécurité absolue. Une porte a été fermée sur l'extérieur qui permet à l'être de se renouveler. La mauvaise influence vient de la nuit elle-même parce que tout ce que contient d'hostile le cône d'ombre de la Terre se retourne contre l'homme faible.

Le pouvoir des tentations est nocturne parce que les rebuts du monde en qui survit la jalousie, agissent sur les hommes pour les faire revenir en arrière. Alors les vieux désirs qu'on croyait morts se réveillent, car ils ont trouvé un aliment dans les larves ambiantes, dans des éléments semblables à eux, auxquels la matière de la nuit prête sa vie.

Le cône d'ombre de la Terre qui est de peu d'étendue par rapport à l'immensité, mais immense par rapport à la planète, doit enfermer spatialement ce que Blavatsky appelle « la Huitième Sphère » et qui est le lieu de destruction des âmes qui se sont condamnées elles-mêmes par le refus de l'effort ou l'effort localisé vers le néant.

L'influence psychique de ce lieu de mort agit sur les vivants par l'angoisse et même le désespoir. Car il y a un désespoir nocturne qui n'a d'autre remède que la lumière de l'aurore, la bienfaisance du soleil.

Avec l'ombre, règne Lilith, hostile à la naissance et à la vie. C'est par son pouvoir que le souffle des agonisants cesse de s'exhaler à cette heure, terrible pour les faibles, où la lumière n'a pas encore paru et où l'ombre est encore souveraine.

Et c'est alors que celui dont l'âme est craintive pour n'être pas revêtue de la cuirasse protectrice du sommeil, doit répéter :

— « *Ô soleil, hâte-toi de paraître, donne-moi le courage de vivre avec tes rayons, gratifie-moi de la richesse de l'esprit, afin que je sois fort et purifié !* »

DE QUELQUES ÉTATS
D'ÂME POSTHUMES

Il y a parfois dans les récits d'apparitions des indications révélatrices et impressionnantes. Il est intéressant d'avoir un document sur l'état d'âme apparent des formes qu'on voit ou qu'on voudrait voir ou qui ont été vues, même s'il n'est pas revêtu de l'autorité de ces pièces d'archives que réclament les esprits scientifiques. Une foule de choses vraies ne laissent dans le monde qu'une trace fugitive et recueillie seulement par le souvenir. Mais si ce souvenir est celui d'un homme digne de foi, inaccessible à l'illusion et qui n'a pas d'intérêt à travestir la vérité, il me semble qu'il a une valeur aussi forte qu'un témoignage écrit, recueilli par un notaire.

J'ai gardé le souvenir exact du récit de deux apparitions qui me fut fait dans ma jeunesse par mon ami le poète Marc Lafargue.

Il était, comme moi à cette époque, nourri de philosophie matérialiste et ne croyait à la possibilité d'aucune survie. Il suivait les cours de l'école des Chartes et avait pour camarade le fils de Jules Tellier. Celui-ci vint à mourir. Je dois dire que jamais Marc Lafargue, mon ami d'enfance, n'avait fait montre d'aucun psychisme. Je fus donc très étonné quand il me fit un jour le récit de deux apparitions qu'il venait d'avoir de Tellier. Il l'avait vu une première fois, assis dans une salle déserte de l'école des Chartes.

Et Tellier un peu courbé et triste lui avait dit:

— «*Voilà, je suis mort.*»

— «*Avec quelle voix?*» demandai-je à Marc Lafargue.

Il me répondit: — «*Une sorte de voix de l'esprit que j'en tendais mentalement.*»

À quelques jours de là, il l'avait revu, au même endroit, dans la même attitude, mais sensiblement plus triste. Tellier lui avait dit ces paroles banales, mais absolument inattendues pour Lafargue :

— « *Je suis maintenant un peu plus mort que la dernière fois.* »

L'homme sincère qu'était Marc Lafargue n'avait pas inventé une telle scène, absolument en dehors de ses préoccupations de ce temps-là. On peut évidemment prétendre que l'inconscient a fait preuve des qualités de conscience et de création dont on s'accorde à le parer et qu'il a créé cette double image.

Je me rallie encore à l'hypothèse de la survivance ramenant le double vers un ami et vers un lieu familier.

Ainsi le double de Tellier était mélancolique ! Y a-t-il des morts, joyeux d'être morts et d'autres qui sont tristes d'avoir perdu le bienfait de la vie ? Car, si on est optimiste, on pourrait espérer que tous ont uniformément l'allégresse de se sentir plus légers, dégagés de la matière, de participer à une vie nouvelle dont les formes sont plus heureuses. Il faut renoncer à cet espoir et se rallier à l'hypothèse plus logique que chacun est heureux dans l'au-delà en raison inverse de son attachement à la vie.

Voici un autre cas, cité parmi ceux qui me paraissent indiscutables – il est dans le livre de Gurney et reproduit par Bret – où l'apparition manifeste du désespoir. Ce cas est raconté par une jeune fille qui a vu sa mère huit jours après sa mort, à Malte. La principale préoccupation de cette mère avait été de ne pas être enterrée vivante et elle avait fait promettre à son mari qu'on attendrait un délai d'une semaine pour l'ensevelir. La promesse avait été tenue, malgré les difficultés légales et tout devait faire présager que cette morte était paisible.

Or, la jeune fille s'exprime ainsi :

« *Je crois que je dormais depuis quelque temps, lorsque me réveillant, je me tournai vers la fenêtre et vis ma mère debout près de mon lit, pleurant et se tordant les bras. Je n'étais pas encore suffisamment éveillée pour me rappeler qu'elle était morte et je m'écriai tout naturel-*

lement (car elle avait l'habitude de venir ainsi, dès qu'elle s'éveillait):
«Comment, mère, que se passe-t-il?» *Puis soudain, la mémoire me revenant, je poussai des cris. La nourrice se précipita dans ma chambre, mais, arrivée sur le seuil elle se laissa tomber à genoux, répétant ses prières et se lamentant. Au même moment mon père arrivait par la porte opposée et je l'entendis crier aussitôt:* «Oh! Julie! ma chérie!» *Ma mère se tourna vers lui, puis vers moi et enfin, toujours en se tordant les mains, elle se dirigea vers la nursery et disparut.*»

Il s'agit là d'une apparition qui est vue par trois personnes successivement et la jeune fille ajoute:

«Lorsque, plusieurs années plus tard, j'en causai avec mon père, il me dit que ma mère lui avait toujours promis de revenir après sa mort, si une telle chose était possible. Ceci étant, il est curieux que ce fût à moi qu'elle apparût.»

Cela aggrave l'importance des manifestations de désespoir. Il fallait qu'elles soient impérieuses, car il aurait été plus normal d'avoir une apparence souriante pour rendre visite à un époux et une fille bien-aimés. Ou alors il faut supposer que l'apparition était dépourvue de conscience et obéissait à un automatisme.

Les fanatiques du Spiritisme nous montrent des familles heureuses entourant, sous des formes sereines, le lit des mourants pour les accueillir dans le monde nouveau où ils vont pénétrer. Certaines de ces créatures aux traits angéliques ont même des ailes et des palmes, selon la tradition. Que faut-il penser de ces joies un peu conventionnelles de l'au-delà?

Autant d'individus, autant de lois différentes. Pendant la première période qui suit la mort, une douce mélancolie est le signe d'une âme tranquille et d'un regret qui peut ne pas être douloureux. Le plus grand nombre doit être en proie à la crainte, car la lucidité engendre une vision nette des mauvaises actions, suivie par l'appréhension de leur contrecoup.

Le *Livre des morts tibétain*, auquel il faut recourir en ces matières, dit que pour celui qui a longtemps médité «*la Vérité luit aussitôt que le principe conscient et le corps se séparent*», mais celui qui ne

s'est adonné qu'à de courtes méditations, entre dans le monde intermédiaire des illusions karmiques. Cet être rempli d'incertitude
et d'ignorance – et le livre des morts précise que c'est le cas du plus
grand nombre sans qu'on soit tenté de le contredire – devra affron-
ter de troublantes images issues de sa terreur intérieure.

D'après le *Bardo Thodol*, dans les premiers instants qui suivent la
mort, il n'a pas compris ou su voir que « *la claire lumière primordiale* » était claire. Terrible erreur ! Ce qui était lumineux, il l'a trouvé couleur de fumée et alors il voit surgir autour de lui, dans la mesure de son attachement et de ses passions, des divinités qui sont,
les unes paisibles et favorables, et les autres, irritées et maléfiques.
Il y en a cent. Pour les hommes moyens il y a 58 déesses irritées et
42 déesses paisibles et je crains que l'épithète de paisible ne désigne
qu'une paix négative. Celle d'irritée a un caractère hostile et d'ailleurs le *Bardo Thodol* enseigne que l'effet karmique de l'égoïsme est
pour l'égoïste l'obsession que « *tous les autres êtres du séjour des morts
sont ses ennemis* ». La terreur est donc la dominante de son état.

On peut rapprocher de cette proportion des déesses bonnes ou
mauvaises dans l'au-delà, les chiffres d'une statistique minutieuse
des rêves faits pendant le sommeil, qui a été dressée par Mesdames
Weed et Hallam et rapportée par Maeterlinck. Cette statistique fixe
à 58 sur 100 le nombre des rêves pénibles, à 26 le nombre des rêves
agréables et à 16 le nombre des rêves indifférents. Cela paraît assez
se rapprocher de la proportion des moments heureux, malheureux
ou neutres qu'on a dans la vie.

Toutefois, dans la vie, la loi a voulu aggraver la proportion de
tristesse sur la proportion de joie par notre manière d'en avoir
conscience. Le comble du bonheur est à peine perçu. On ne le sait,
en général, qu'après qu'il a été atteint. Tandis qu'on ressent profondément et jusqu'aux dernières limites, le comble de la misère.
Mystérieuse inégalité qui est dans le fondement même de la nature
humaine !

Heureusement, ce même antique ouvrage qu'est le *Bardo Thodol*
annonce que « *les croyants mystiques d'un développement psychique*

ordinaire» ceux qui ont médité sur le problème de la mort, sur les états qui la suivent, et qui se sont efforcés sincèrement vers la perfection, n'ont pas à errer dans des mondes redoutables. Dès que leur respiration cesse, *« ils sont conduits aux purs royaumes paradisiaques par les Héroïnes et les détenteurs du savoir. »*

Les hommes d'Occident, dépourvus de héros et de détenteurs de savoir, les remplacent par ces parents et amis dont certains voyants prétendent avoir distingué la présence. On a les Maîtres qu'on peut, mais les affectueuses familles ont-elles le pouvoir de découvrir le Sentier lumineux qui perce les incommensurables ténèbres? Même si elles apportent le trésor de l'amour, ce trésor est-il suffisant, s'il est accompagné de l'ignorance?

À propos du bonheur et du malheur que l'on a dans la vie, de celui qu'on a dans le sommeil et de celui qu'on peut éprouver après la mort, il convient de rendre justice à l'ordre des choses.

On peut penser, si l'on fait l'addition des éléments connus, que la part du bonheur est considérablement inférieure à la part de malheur qui attend chacun au cours des différents états par lesquels il doit passer. Mais ce n'est peut-être qu'une illusion provenant de notre connaissance imparfaite de toutes les données du problème.

Le bonheur est individuel, national et cosmique. Sa nature et son étendue sont variables selon la planète sur laquelle on vit et, sur chaque planète, selon l'âge que l'on traverse. La Cosmologie Hindoue indique quatre âges. Nous sommes dans le Kali Yuga, âge noir ou âge de fer. Mais la durée de ce Kali Yuga est fixée à 430 000 ans. La durée de l'âge du cuivre est du double, celle de l'âge d'argent est trois fois plus longue et celle de l'âge d'or, quatre fois. Si l'on admet que les conditions de vie sont plus heureuses à mesure que les âges se transforment on voit que la Loi Divine a voulu une proportion de bonheur infiniment plus grande que celle du malheur. Elle a laissé une possibilité, pour certains êtres, réunissant certaines conditions de sagesse, d'être heureux à travers toutes les périodes, qu'elles soient noires ou dorées.

Le malheur, l'inéluctable malheur, est d'être actuellement dans le

Kali Yuga, et sans doute à la minute la plus sombre de sa ténébreuse durée !

De toutes les communications spirites pleines de niaiseries, où la vérité rend le même son vide que le mensonge, on ne peut retenir que très peu de chose. On n'entend jamais parler dans ces communications d'un sujet de tristesse posthume qui doit être le plus fréquent et le plus angoissant, la destruction du corps et son aspect pitoyable. Il n'a été traité à ma connaissance qu'une seule fois, dans les communications d'Albert Pauchard, dont le livre fait exception par d'impressionnantes qualités de vraisemblance.

Albert Pauchard nous dit qu'une des causes de tristesse les plus fréquentes dans l'au-delà est la décomposition du corps bien-aimé qu'on s'était accoutumé à considérer comme soi-même. Chacun a la curiosité de revoir l'état dans lequel se trouve ce corps et c'est d'autant plus aisé que tant qu'il existe, on est lié à lui par un lien magnétique. On peut imaginer que cette vue incline à la tristesse ceux qui n'ont autour d'eux que le crépuscule silencieux et glacé qu'ils se sont préparé par leur médiocrité terrestre.

C'est là une des raisons pour laquelle les Hindous brûlent leurs morts ; les Parsis les font manger par les oiseaux. Ainsi ils les protègent d'une contemplation inutile et douloureuse. Si l'on posait ce problème aux Occidentaux, ils répondraient : Mais qu'est-ce qui nous prouve que… etc.

L'incinération n'a du reste plus de raison d'être quand il s'agit d'hommes assez sages pour considérer que, non seulement le corps, mais encore toutes les choses de la terre doivent être abandonnées à la mort, sans qu'il soit jeté un seul regard en arrière.

DES HOMMES QUI SONT OU
QUI SE CROIENT PROTÉGÉS

Il y des gens qui ne perdent jamais de vue cette conviction favorable qu'une protection dont ils ne définissent pas l'origine est étendue sur eux. Et ils citent des faits troublants. Du reste chacun a eu, plus ou moins, à un certain moment de sa vie, le sentiment qu'une volonté étrangère intervenait bénéfiquement dans sa destinée et il s'est écrié :

— « *Cela est providentiel!* »

L'idée d'une intervention dans la vie d'un homme évoque celle d'une faveur. Il y a donc pour certains des interruptions dans le rythme normal de la vie.

En vertu de quoi ?

Quel mobile fait agir une entité appartenant à un plan d'existence différent pour favoriser un être aux dépens d'un autre ?

On peut répondre que l'intervention dans une destinée n'est qu'apparente et que cette intervention est prévue dans la marche de cette destinée, qu'elle appartient à son rythme normal, compris plus largement.

Puis des actions anciennes peuvent avoir motivé des reconnaissances d'êtres supérieurs, se manifestant sous forme d'interventions.

En réalité ce ne sont pas des interventions, mais certaines mailles de la destinée se manifestant d'une façon inattendue et qu'on qualifie de providentielles bien qu'elles se produisent par le jeu des causes et des effets. Ce n'est que leur présentation qui est surprenante.

Le poète Simonide qui vivait cinq siècles avant Jésus-Christ offre un des plus anciens exemples connus de protection bienveillante.

Il faut se rappeler qu'il y a deux mille ans les communications avec l'au-delà étaient vraisemblablement plus aisées et fréquentes que de nos jours, en vertu de la constitution psychique de l'homme. Le corps physique a subi des transformations ; il est normal que le psychisme en ait subi aussi.

Simonide allait s'embarquer le lendemain pour un voyage en mer. Il rencontra sur le rivage le corps d'un homme mort qui était sans sépulture et il prit la peine de creuser une tombe pour cet inconnu. Il eut un songe la même nuit et il vit cet homme qui l'exhorta vivement à ne pas partir sur le navire qu'il comptait prendre. Il écouta ce conseil et le navire fit naufrage.

Ceux qui ne croient pas à la survie diront que le poète Simonide avait un bon inconscient et que cet inconscient doué de conscience et de pouvoir, pour donner plus d'autorité à son affirmation, la mit dans la bouche de l'homme enseveli, après avoir créé son image dans ce but. Je préfère croire que c'était le mort qui intervint par reconnaissance.

Ce même Simonide assistait un jour à un banquet donné par un lutteur célèbre appelé Scopas. Il avait composé un poème en l'honneur de Scopas, mais comme dans ce poème il avait aussi louange les héros Castor et Pollux, Scopas ne lui donna qu'un tiers de la rémunération promise, prétendant que puisqu'il n'avait reçu qu'un tiers des louanges, il ne devait qu'un tiers du prix du poème. Durant le banquet qui avait lieu dans le palais du lutteur on vint l'avertir que deux personnages de noble mine lui faisaient dire de les rejoindre sur le champ. Il sortit et ne vit personne. Or, le palais, sans doute à cause de quelque défaut de construction, s'écroula. Le favorisé Simonide pensa, et toute l'antiquité fit de même, que les deux héros à cause de qui il avait été lésé, étaient venus pour le sauver.

Être aimé par la Destinée, être le favori des Dieux ! Qu'y a-t-il de plus enviable ? Beaucoup de gens ont été préservés d'un danger, soit par un rêve analogue à celui de Simonide (je n'ai rapporté ce rêve lointain et célèbre qu'à titre d'exemple) soit parce qu'ils ont entendu une voix leur donnant un ordre précis qui s'est avéré bienfaisant. Et quand de telles indications se sont renouvelées, celui qui en bénéficie a le sentiment légitime d'être sans cesse accompagné par une puissance, par un Ange protecteur, ou s'il ne croit pas à cette sorte de créatures il pense qu'il y a une harmonie spéciale entre lui et la Providence, c'est-à-dire l'ordre des événements.

Un diplomate d'origine russe M. Maximilien de Meck qui a joué un rôle important avant et après la guerre de 1914, a publié un récit de sa vie qui est un modèle de vie protégée. Peut-être toutes les vies le sont-elles également et celui qui vécut celle-là a-t-il eu seulement un pouvoir plus grand d'entendre les voix, de voir les signes, grâce à une heureuse disposition psychique de sa nature. Son livre dégage la sincérité, mais renferme tant de merveilleux que pour le croire il faut se redire qu'il n'y a jamais rien de merveilleux, mais un naturel dont nous ignorons les causes.

Se trouvant à Vladivostock et hésitant à prendre un bateau à cause des mines qui entouraient le port il entend une voix lui disant qu'il peut partir sans crainte. La même voix se fait entendre toutes les fois qu'un danger immédiat le menace. Cette voix a une connaissance de l'avenir immédiat, mais elle donne aussi des conseils.

Un jour dans l'Inde il traverse un village et voit un attroupement autour d'un puits. Un cobra est tombé au fond et on essaie de le faire sortir avec une longue perche. Le cobra est lancé par la perche juste devant M. de Meck et irrité par une telle projection, il se dresse sur sa queue, se gonfle selon un mode qui lui est propre et s'apprête à se jeter sur lui. M. de Meck qui va reculer imprudemment entend la voix protectrice qui dit :

— « *Fixe-le du regard !* ».

Il le fait et le serpent reste immobile, se dégonfle et se laisse prendre par un amateur de cobras qui se trouve parmi les assistants.

La protection était active et avait des initiatives. M. de Meck avait un ennemi acharné qui tenta plusieurs fois de le tuer et le persécuta pendant des années. Un jour que cet ennemi allait écrire une lettre anonyme contre lui le bras qui écrivait fut paralysé et cette paralysie dura jusqu'à la promesse de ne plus recommencer.

Mais on se demande pourquoi l'auteur ou les auteurs de la paralysie n'ont pas agi plus tôt et ont permis la ruine de leur protégé et d'autres malheurs venant du même ennemi.

La protection était continuelle, incessante, mais n'avait qu'un pouvoir très limité. Cependant un jour, au moment d'un besoin d'argent particulièrement pressant, M. de Meck se trouvant dans un hôtel, vit en s'éveillant sur sa table une enveloppe portant deux signes occultes « *inconnus de ceux qui n'ont pas fait des études approfondies d'Occultisme* ». L'enveloppe renfermait la somme dont il avait besoin. Une enquête dans l'hôtel lui donna l'assurance que nul n'avait pu porter cette enveloppe dans sa chambre. Il s'agit là d'un fait sans précédent, qu'on n'a jamais entendu raconter par personne. M. de Meck n'en montre pas un étonnement particulier. Il n'en est pas de même du lecteur.

Mais cet incident est unique. Il aurait pu se reproduire d'autres fois, car M. de Meck connut des jours de grande pauvreté. Ces jours mauvais lui furent bien annoncés par des voix, mais aucun remède n'y fut apporté. Il appela parfois et il ne lui fut pas répondu. La protection était intermittente et questionnée à ce sujet elle répondit par l'unique théorie qui sert depuis le commencement du monde, toutes les fois qu'il est question d'expliquer l'existence du mal et de la douleur. La douleur est organisée avec sollicitude et prévoyance par Dieu pour permettre aux hommes de s'élever! Les forces contraires sont la réaction normale de l'activité spirituelle et il faut les dominer. Les amis invisibles de M. de Meck disaient même « *que jamais la lutte entre eux et ces forces contraires n'avait été aussi violente et ils avouaient qu'à un moment donné ils s'étaient sentis vaincus* ». Questionnés sur le sens général de leur intervention ils disaient agir « *pour le bien de l'Humanité* ».

Ceux qui ajoutent foi à une vie aussi merveilleuse – et ce n'est pas sans peine, – peuvent donc conclure qu'il y a au-dessus du plan humain des êtres qui luttent pour une conception du bien semblable à la nôtre, peut-être la même et qui envisagent la douleur et les misères de la vie comme une traversée nécessaire pour se perfectionner. Ils jouissent d'un pouvoir à la fois plus grand que le nôtre et moindre. Nous demeurons les auteurs d'une activité sur laquelle ils ne peuvent agir qu'indirectement par des prévisions et des intuitions, des conseils.

Mme Renée Micaele a raconté dans un livre comment elle a trouvé la lumière. Son cas est particulièrement intéressant parce qu'elle est partie de l'éducation matérialiste la plus absolue.

D'après son récit il semble qu'elle fut choisie par des entités – Mme Micaele les appelle des esprits – d'abord pour recevoir une instruction personnelle relative à la survie, ensuite pour accomplir certaines oeuvres de bienfaisance qui lui furent désignées et qu'elle n'aurait pu accomplir sans des indications venues de l'au-delà.

Ces esprits agissaient aussi pour le bien de l'Humanité, mais n'avaient en vue que de petits résultats, si toutefois on peut établir des degrés dans l'échelle flottante du bien, échelle peinte en noir et accrochée à un nuage.

Ils se manifestèrent d'abord par des coups puis par des bruits de sonnette, c'est-à-dire les moyens les plus ordinaires. Ce fut en faisant tourner des tables et en interrogeant des médiums que Mme Micaele, obtint une sorte d'assurance qu'elle était choisie pour de bonnes œuvres, pour répandre une lumière moyenne. Car les révélations tombent d'une plus ou moins grande hauteur. Des conseils excellents, marqués du sceau de la bonne intention, lui furent donnés dans des vers étonnamment plats.

Elle reçut, au cours d'une séance chez un médium, une feuille dictée par l'esprit guide de la séance où il y avait des conseils sur sa santé, sur son caractère et l'assurance qu'elle n'aurait pas la grippe espagnole, car on était alors en pleine épidémie. Tout cela indiquait de très bons sentiments de cet esprit-guide. Elle demanda à qui elle devait ces excellentes indications.

On lui répondit que l'esprit guide s'appelait le père Henri et dirigeait les séances depuis 15 ans. C'était un religieux mort en mission et dont *« la vie avait été celle d'un véritable saint »*.

Or, les enseignements de ce père Henri transmis par des tables ou des écritures médiumniques ont été recueillis et viennent de paraître en librairie. Ils n'apportent rien de nouveau. Ce sont de bons enseignements moyens répétant dans une forme moyenne des consolations, des louanges à Dieu et faisant les promesses que font d'ordinaire les spirites cultivés à des spirites moins cultivés.

Si l'on ajoute foi à la réalité des manifestations de Mme Micaele, on peut penser qu'il y a au-dessus de notre monde physique un premier monde immédiat où se trouvent des êtres conscients, possédant l'instruction et les connaissances qu'ils avaient sur la terre, à peine augmentées d'une petite vision de l'avenir immédiat qui doit provenir de la configuration de leur monde et de l'angle sous lequel ils nous voient. La vision qu'ils ont de notre aura qui est faite de la même matière que leur corps et qui est sans doute tout ce qu'ils perçoivent de nous, leur permet, par son altération ou ses couleurs, de faire sur notre santé quelques justes prévisions d'annoncer nos maladies ou même notre mort prochaine. Ces prédictions nous éblouissent quand elles sont faites, mais ne peuvent être que très limitées dans l'espace et le temps.

C'est de ce monde que partent presque toutes les interventions connues parce que ses habitants sont restés liés à la terre, à ses intérêts, à ses affections. Et en vérité, nous ne pouvons pas en attendre grand-chose. Ces bien intentionnés n'ont ni grand pouvoir ni vision bien étendue.

La mort ne confère ni vertu ni science. Elle donne seulement au bout d'un certain temps l'expérience du milieu où l'on se trouve et ce milieu est borné. Il est plein de possesseurs de sagesses à courte vue qui aspirent à se manifester dans des tables et y réussissent dans certains cas.

Les maîtres, les maîtres médiocres doivent fourmiller dans ce plan où ni la luxure, ni le goût de la possession ne peuvent se manifester, mais où la vanité se donne libre cours. C'est le déploiement de cette vanité qui fait que tant de morts s'attribuent des personnalités célèbres comme celles de Napoléon ou de Jeanne d'Arc.

Et qui sait? Souvent cette attribution doit être inconsciente. Le nom qu'on a porté est la caractéristique de la personnalité qui va s'effaçant de plus en plus à mesure que l'être revient à son essence.

Mais là, les plus grands et les meilleurs des hommes ne sont pas. Ils ont dû obéir à une loi plus haute qu'ils portaient en eux et qui leur a permis d'atteindre un état où ils n'ont ni l'envie ni la possibilité de communiquer avec notre monde physique. Cette séparation n'est nullement le signe de l'indifférence et de l'égoïsme.

Dans le monde où ils se trouvent ils communiquent constamment avec ceux qu'ils ont aimés, mais avec l'être supérieur de ceux-ci et ils savent que cette communication est la seule essentielle.

Il y a une autre catégorie d'êtres protégés et elle est assez bien définie dans un livre récent de Georges Barbarin[155]. Ceux-là ont fait un pacte constant avec la Providence. Ils pensent, ils savent par intuition qu'ils sont accompagnés dans la vie par une puissance qui a besoin d'eux pour transformer le monde spirituellement. Cette puissance veut aussi les améliorer eux-mêmes, les purifier et pour cela elle leur envoie des « épreuves » qu'ils acceptent avec philosophie. Ou plutôt elle ne les leur envoie pas à proprement parler. Elle a l'air de les leur envoyer. Ces épreuves sont encastrées dans la trame complexe des causes et des effets.

— *« Il y a quelque 24 ans, la voix intérieure me suggéra que, si je consentais à cesser d'être spectateur pour risquer de devenir acteur, je serais épaulé. »*

Par exemple Georges Barbarin ne s'embarrasse pas de faire une conférence, même s'il n'est pas orateur. Il sait qu'à la dernière minute, si le sujet se rattache à l'évolution spirituelle du monde, une force invisible entrera en lui pour suppléer à toute préparation et l'expérience, dit-il, lui a donné raison.

De même, s'il a des ennuis d'argent. *« Il met l'affaire en délibéré au sein de l'invisible et il dort paisiblement dans sa foi. »*

Une telle conception est, en tout cas, pratique pour le bonheur. Elle peut correspondre à la vérité. Cet invisible qui parle dans les conférences et paie les dettes a été scruté par M. Barbarin.

— *« Je pressentais qu'il y avait plusieurs étages en Dieu. J'avais fini par admettre que la part de Dieu qui nous est la plus accessible, c'est-à-dire le Père, n'est pas maîtresse absolue des événements. »*

Et un sage qu'il ne nomme pas, lui a dit :

— *« Dieu est un océan spirituel homogène en train de devenir un océan spirituel plus grand et plus vivant par l'individualisation progressivement consciente et harmonieuse de toutes les gouttes qui le composent. »*

Dans sa simplicité, cette théorie est peut-être la plus plausible de toutes celles qu'on a faites, depuis le commencement du monde sur Dieu. Dieu fait ce qu'il peut. La souffrance du monde est une nécessité sur laquelle il n'a pas la haute main. Une transcendance plus haute l'enveloppe et le commande par des lois inéluctables. Mais il se perfectionne par le moyen des êtres qu'il crée. Et ces êtres, dès que la compréhension leur vient, après des millénaires d'effort, ne doivent pas avoir d'autre loi que de se perfectionner, collaborant ainsi au progrès de Dieu et à sa perfection.

LES INTERVENTIONS AU
MOMENT DE LA MORT

C'est au moment où l'homme subit la si étrange transformation de la mort que se produisent les apparitions et les interventions les plus nombreuses. Et cela s'explique. Un homme dans la vie terrestre qui, après une période de sommeil se réveillerait au milieu d'un pays inconnu, aurait grand besoin de trouver un conseiller pour lui dire où il est et de quel côté se diriger.

Raison de plus s'il se réveille avec d'inexplicables sensations spatiales, s'il s'aperçoit de l'absence d'un corps physique qu'il avait l'habitude de considérer comme lui-même et s'il est enveloppé d'illusions fantomales dont certaines peuvent être terrifiantes.

Il résulte des innombrables cas rapportés et de la moyenne de vérité qu'on peut en extraire en faisant la part de l'exagération et de la fantaisie, que toute la difficulté consiste, pour l'homme ordinaire, à percevoir à travers ses propres ténèbres les êtres qui lui apportent du secours.

L'ignorant tiendra en vain les bras dans une ombre opaque et le philosophe aux idées matérialistes bien arrêtées, s'il entrevoit des images d'amis, croira avoir affaire à de vains phantasmes et cette conviction suffira à rendre toute communication impossible.

La moyenne de vérité indique que, sauf des cas très rares, toutes ces interventions du moment de la mort sont issues du monde le plus proche, du monde intermédiaire où sont les êtres encore attachés à la Terre.

Mais il faut s'arrêter au cas de Mme Joy Snell qui a été infirmière pendant de longues années et qui, possédant un don de clairvoyance, a pu relever expérimentalement certaines apparitions menaçantes, mais plus souvent encourageantes du moment de la mort.

« Je remarquai souvent qu'indépendamment de la condition physique ou morale des mourants et peu avant la fin, ils semblaient apercevoir quelque être autre que ceux qui entouraient leur lit et invisible à ceux-ci. »

Et elle cite de nombreux cas où les mourants qu'elle soignait, après une période de coma, se réveillaient, fixaient leurs yeux sur un point de la chambre où ils voyaient la présence d'un être cher dont ils disaient le nom et dont la vue leur donnait une joie rapide avant la mort.

D'après ce témoignage les mourants ont une clairvoyance spéciale qui leur permet d'entrevoir le monde où ils vont pénétrer.

Il faut retenir encore l'affirmation suivante de cette infirmière bien douée :

« Que les morts auxquelles j'assistais fussent paisibles ou agitées, précédées ou non par une vision de l'autre monde, je vis toujours, après l'arrêt de la vie physique, la forme spirituelle se dessiner nettement au-dessus de la dépouille mortelle et paraissant être leur corps glorifié, qui ne portait plus aucune trace de souffrance. »

M. Bozzano, savant d'une grande érudition en ces matières, a fait d'impressionnantes énumérations. Il y en a tellement qu'on peut citer au hasard :

« M. Loyd Ellis était à toute extrémité. Une nuit après avoir été couché pendant quelque temps, il se réveilla et demanda tout à coup à sa mère : où est donc ailé papa ? Elle lui répondit en pleurant : mon enfant, tu sais bien que papa n'y est plus, qu'il est mort depuis plus d'un an. — Vraiment ! murmura-t-il alors, pourtant il se trouvait ici tout à l'heure et il est venu me donner rendez-vous pour trois heures, mercredi prochain. À 3 heures du matin, le mercredi suivant, le pauvre Loyd Ellis rendait le dernier soupir. »

Il y a de nombreux cas de mourants montrant un coin de la pièce où ils se trouvent et où ils affirment voir, soit telle personne de leur famille, soit des personnages inconnus. Un certain Hall Tench, par exemple, homme vertueux, mais non religieux, ayant rassemblé sa famille au moment de sa mort, la prit à témoins, en désignant le bout de son lit et en s'écriant :

— « *Comment ! mais ce sont des personnes comme nous !* »

L'on peut rapprocher ce cas de celui de Mme Botrel, la femme du poète breton, qui en attesta l'authenticité. Elle s'écria, voyant des êtres qu'elle appelait des Anges, emplir sa chambre :

— « *Comment se fait-il qu'ils n'ont pas d'ailes ?* »

Cette absence d'ailes est d'ailleurs souvent constatée avec surprise tant les ailes semblent indispensables à un vol rapide !

M. Bozzano relate et étudie aussi les chutes de tableaux, tenant pourtant au mur par des clous très solides, et les arrêts de pendules et d'horloges si fréquents, paraît-il, avant la mort, que les fonctionnaires chargés des enterrements les considèrent comme habituels. Ces phénomènes sont en général annonciateurs de la mort pour la personne auprès de qui ils se produisent.

C'est que ceux qui ont déjà passé la porte de la mort et qui sont encore retenus dans l'atmosphère proche de la Terre sont à même de savoir par expérience combien il est important d'être prévenu un peu à l'avance de sa mort prochaine.

La préparation à la mort est indispensable et indispensable aussi la fixation sur une dernière pensée élevée, à cause de la projection de cette pensée dans les états qui suivent la mort.

C'est pour cela que certaines familles en qui a vécu un être de grande évolution sont suivies par lui à travers la succession des générations. La mort des membres de la famille est annoncée, soit par une Dame Blanche dont la couleur indique le caractère favorable de l'intervention malgré qu'elle ait trait à un deuil, soit par une sonnerie de cloches ou toute autre musique d'ordre transcendantal. Ce sont des manifestations créées dans le monde invisible et dont sont témoins parfois même ceux qui n'y sont pas intéressés.

Je vais citer un cas curieux rapporté par le docteur de Sermyn et auquel Thomas Bret a donné une interprétation erronée, à mon sens.

Il s'agit d'un homme robuste, bien portant, marié, d'environ 29 ans, appelé Jean Vitalis. Il est pris de fièvre et d'un rhumatisme aigu. Après 20 jours, le Dr de Sermyn qui le soigne, le trouve joyeux et guéri. C'est à la suite d'une vision explique-t-il, d'une vision et non d'un songe. Il a vu son père entrer par la fenêtre. « *Il m'a touché un peu partout pour m'enlever mes douleurs et ma fièvre, ensuite il m'a annoncé que j'allais mourir ce soir à neuf heures précises. Il a ajouté qu'il espérait que j'allais me préparer à cette mort. Il a sans doute besoin de moi. Il reviendra me prendre à neuf heures ce soir* ».

Jean Vitalis est calme, a une température normale. Aucun conseil, aucune plaisanterie sur sa vision n'ont de prise sur lui. Il communie et à 9 heures moins le quart sa famille est réunie et le docteur survient. Il trouve son malade avec toutes les apparences de la plus parfaite santé et dans une grande tranquillité d'âme. Il mangea même un bifteck aux pommes. Il observait la pendule et à 9 heures moins une minute, il embrassa sa femme et les amis présents en disant : « *adieu ! adieu !* » et il s'étendit sur son lit. Le docteur de Sermyn s'approcha de lui. « *Il était mort sans angoisse, sans râle, sans un soupir, d'une mort que je n'ai jamais vue.* »

Thomas Bret donne comme explication une duperie de son métapsychisme qui « *a fait mourir cet innocent au moment indiqué* ».

Que le métapsychisme ou inconscient de Jean Vitalis fasse ainsi sans raison la création d'un père qui le guérit pour le faire mourir, cela me paraît invraisemblable. Et d'où tirerait-il cette puissance sans exemple de suicide sans cause apparente ? Il s'agirait d'un pouvoir de l'inconscient dont on n'a encore jamais entendu parler. La réalité de l'intervention choque moins la raison. C'est du reste une intervention énigmatique.

On peut essayer de l'expliquer ainsi :

Le père de Jean Vitalis exerça sur son fils le pouvoir de guérisseur que chacun possède à un degré quelconque sur les êtres qu'il aime. Il avait vu l'événement prochain et fatal de sa mort inscrit dans son aura bouleversée. Il était venu pour adoucir comme il le pouvait la dernière journée de sa vie, l'exhorter à mourir dans sa religion et lui assurer qu'il serait présent à l'heure qu'il voyait inscrite.

L'impression produite par cette vision avait collaboré à rendre exacte, à une minute près, l'heure de sa mort, fixée à 9 heures, sans doute approximativement. Elle avait surtout servi à rendre sa fin heureuse.

On peut aussi émettre l'hypothèse que le père de Jean Vitalis pensa consciemment hâter la mort de son fils par une suggestion venue de l'au-delà. Nous estimons toujours que la vie est ce qu'il y a de plus précieux et qu'il faut la prolonger à tout prix.

Mais il est possible que ce point de vue change dès qu'on se trouve dans un monde où les dimensions sont changées ainsi que les relations entre les êtres. On peut considérer alors que la vie terrestre est horrible et que les plus heureux sont ceux qui la quittent le plus vite. Un tel point de vue est même celui que nous devons espérer.

Dans ce cas-là, les interventions qui nous sauvent la vie ne sont bonnes que si nous supposons que ceux qui les font se placent à notre point de vue ou qu'ils se mettent d'accord avec l'ordre des choses pour comprendre la nécessité des épreuves.

Cette nécessité des épreuves ne peut être, du reste, considérée comme une certitude, car nous voyons beaucoup d'hommes que le malheur accable, aigrit, et pour lesquels il est un élément destructeur. Peut-être est-il la pierre de touche qui permet de reconnaître les élus de ceux qui ne le seront pas. La majorité est accablée et diminuée par l'épreuve. Mais il faut toujours se rappeler la parole :

— « *Beaucoup d'appelés, peu d'élus !* ».

ESSAI D'UNE HIÉRARCHIE DANS LES FORCES QUI INTERVIENNENT

On peut observer une certaine hiérarchie dans les interventions, selon le monde d'où elles proviennent. Dans la mesure où une règle générale est formulable en une pareille matière, on peut dire que plus les interventions partent de haut et moins leur expression se traduit en signes matériels. Les manifestations physiques, celles qui font l'émerveillement des hommes, n'ont qu'une origine vulgaire et c'est à peine si l'on peut en tirer un profit autre que celui d'être assuré de la survivance après la mort, pour ceux qui ont besoin d'une telle preuve.

Il y a d'abord un grand nombre de faits qui semblent être des interventions et qui n'en sont pas. Les bois de meubles craquent naturellement, en vertu de la chaleur et de l'humanité. Parfois un craquement coïncide avec une de nos pensées. Il reçoit alors le nom de « raps ». Des phénomènes singuliers se produisent quand plusieurs personnes sont réunies soit autour d'une table, soit formant une chaîne. Ces phénomènes ne sont très souvent que le résultat d'une force psychique qu'ils dégagent et ne comportent aucune intervention extérieure. Ils en comportent quelquefois de façon indiscutable et chacun peut en avoir la preuve en lisant Bozzano, Geley, Osty, Delanne, de Rochas. Certains chercheurs comme Richet et Thomas Bret arrivent à convaincre le lecteur sceptique, par le simple énoncé des faits, même en les faisant suivre de leur réfutation personnelle.

Mais la plus grande partie de ces interventions proviennent du monde le plus voisin du nôtre et sont presque toujours marquées du sceau de la médiocrité humaine. Il y a toutefois quelques exceptions.

Les plus célèbres manifestations surnaturelles que l'on connaisse en France sont celles de Jeanne d'Arc. Il est à remarquer que les historiens qui étudient ce personnage admirable esquivent tous la question la plus importante de sa vie qui est celle des voix qui ont suscité son action. Ils en parlent, en tout cas, avec des réserves et des réticences et ils en parlent le moins possible.

Jeanne d'Arc a été suivie et désignée, dès sa jeunesse, par des entités d'un ordre guerrier et patriotique. Peu importe les noms que ces entités se sont données. Elles ont été Saint-Michel et Saint Gabriel pour cette jeune chrétienne et elles l'étaient, en effet, car elles ont vraisemblablement accompli les actions attribuées à ces saints dans le passé. Seulement elles ont porté d'autres noms hindous, égyptiens, chinois chez d'autres peuples où elles ont joué des rôles qu'il est difficile de démêler. Pour Jeanne d'Arc, elles furent les Archanges de sa religion.

Ces Archanges, en vertu d'une certaine conception du monde et d'une prévision qu'ils en avaient, tenaient à réaliser la nation française sous le pouvoir des rois. Comme Krishna exhortant Ardjouna à combattre dans la Bhagavad Gita ils n'ont aucun scrupule à exalter la guerre. Ils font des prédictions qui se réalisent, par exemple *« la promesse qu'une épée serait découverte dans les fondations d'une église. Cette prédiction se trouva réalisée. »*

Jeanne d'Arc appelle les entités qui la protègent *« son conseil »* et ne fait pas de différence entre elles. *« C'est toujours le parler et le langage des Anges »*, dit-elle. Les entités n'ont pas un pouvoir absolu sur les événements. Elles luttent et elles emploient cette jeune fille dont l'âme pure leur a paru propice à entendre leurs voix d'abord, et ensuite à créer le mouvement mystique qu'elles ont jugé possible. Elles savent qu'elles triompheront. Ou tout au moins elles paraissent le savoir et elles l'annoncent à Jeanne. Et il y a tout de même quelques promesses démenties, attestant que ces puissances élevées n'ont qu'un pouvoir incertain.

Elles ont garanti le succès de leur messagère. Mais c'est le succès de la mission. Jeanne n'en est pas moins torturée et finalement brûlée. Cela semble de peu d'importance aux yeux de ces créatures sublimes. L'essentiel est que le but spirituel qu'elles ont conçu soit réalisé. Ne fut-ce pas la même chose pour Jésus. « *Ô mon Dieu, pourquoi m'avez-vous abandonné ?* » indique qu'il ne s'attendait pas pour lui-même à un sort si rigoureux. Mais n'en est-il pas de même pour tous ceux qui sont promis à de hautes missions ? Que sont, du reste, quelques heures, quelques jours de souffrance, même si elle est inouïe, à côté du temps infini. Un grand nombre de malades qui n'ont aucune mission endurent des souffrances dépourvues de gloire, par le seul jeu des maladies et ces souffrances sont souvent plus grandes que celles de la crucifixion.

Plus élevées dans l'ordre des interventions me paraissent celles qui ne sortent pas du domaine spirituel et agissent sur une âme élevée, afin de la faire monter plus haut. Car cette élévation de quelques-uns est plus importante pour l'humanité que le mouvement des guerres et des patries. Dieu se réalise dans la plus haute spiritualité des saints et des génies et il a intérêt à les voir croître en nombre.

Comme Saint Augustin était allé rêver dans les bois, près de Milan aux problèmes philosophiques qui l'occupaient, en proie à une sorte de romantisme platonicien, il entendit une voix lui dire sur un rythme de chant : « *Prends et lis* ». Que fallait-il prendre ? Que fallait-il lire ? Il rentra chez lui, prit les Épîtres de Paul, les ouvrit au hasard et lut une exhortation à renoncer au plaisir et à se consacrer à l'esprit. Cette consécration avait alors la plupart du temps, pour les intellectuels de ce temps, la forme chrétienne.

Il faut remarquer que la voix lui laissa le soin de choisir le sens de sa détermination et ne lui donna aucun signe particulièrement chrétien. Un peu plus tard, ce fut une exaltation dont il avait pris le mode dans « *Les Ennéades* » de Plotin, qui le conduisit un soir, aux côtés de sa mère, jusqu'à un sommet spirituel. Il l'a raconté dans un célèbre passage des Confessions. Cette méditation consiste à passer, de l'admiration des beautés de la nature, des arbres et de la mer, du soleil et des étoiles, jusqu'à celle de l'âme humaine, pour embrasser à la fin, l'âme universelle.

Saint Augustin – qui ne croyait au Christianisme qu'à cause des miracles – en vit un dans la hauteur de l'esprit qu'il lui fut permis d'atteindre ce soir-là. Le dut-il à la présence de sa mère, à la conduite d'une force étrangère ou seulement à la méthode pour atteindre l'extase donnée par ce grand sage qu'était le philosophe Plotin ?

C'est chez Socrate que se trouve, dans toute sa pureté, l'intervention d'une entité étrangère à l'homme et dont on reconnaît la supériorité à son caractère intérieur. Le Daïmon de Socrate ne lui conseilla jamais une action. Il ne donna des indications que pour inciter Socrate à ne pas faire une chose qui lui serait nuisible. Sa voix qui s'exprimait intérieurement n'avait pas la faculté de composer de longues phrases. Il faut remarquer que, dans l'histoire de l'esprit les voix intérieures comme *« Prends et lis »* de Saint-Augustin sont toujours brèves, comme si la faculté d'expression était limitée par la difficulté de s'exprimer. Les esprits d'ordre inférieur font au contraire de longs et fastidieux discours.

De même si le Daïmon avait une prévision de certains faits de l'avenir cette prévision était partielle. Il n'y eut jamais une prémonition à longue échéance ni une vision permettant de voir l'avenir de la République d'Athènes qui devait autant intéresser les Athéniens que l'avenir des nations intéresse nos contemporains.

Le Daïmon manifesta sa haute origine en détournant Socrate par les conseils négatifs qu'il savait donner, des choses de la politique et de la direction matérielle des hommes. Ce n'était même pas à une direction spirituelle qu'il devait se consacrer. Sa mission consistait d'abord à s'élever lui-même et ensuite à faire sortir des âmes de ceux qui l'approchaient les possibilités d'élévation.

Socrate connaissait l'étendue de son rôle. *« Il disait que le Divin lui donnait des signes »*, a écrit Xénophon dans les *« Mémorables »*. Et aussi : *« Une voix du Dieu vient me signifier ce qu'il faut faire. »* Et Platon, entre autres choses de même nature, a rapporté : *« J'ai senti tout à l'heure cette chose divine et ce signal accoutumé qui m'arrête toujours au moment d'agir. Il m'a semblé entendre à l'instant une certaine voix qui me défendait, etc. »*

Comment récuser de tels témoins! Comment ne pas croire aux affirmations des meilleurs et des plus hauts qu'a produits l'Humanité, Socrate et Platon! On atteint avec eux cette certitude que ne pourrait égaler ou parfaire aucun témoignage matériel, aucune preuve tangible. Notre raison est touchée dans sa partie la plus élevée, dans ce que notre intelligence a de plus lumineux et de plus sûr.

Socrate est un des plus grands sages qu'il y ait jamais eu sur la Terre. Le génie intérieur qui l'inspirait peut-être considéré comme une des puissances les plus hautes dont on ait perçu l'action parmi les choses terrestres. Et sa discrétion, le respect du choix de l'homme, sont des garants de sa supériorité. Ses conseils furent toujours confirmés par l'intuition de Socrate, ils allaient de pair avec sa raison. Du reste, Socrate croyait à une Puissance Suprême qui englobait toutes les manifestations de ce qui est spirituel, à un ordre providentiel et son Daïmon était un interprète de cet ordre immense et conscient.

De même qu'Anaxagore, Héraclite et Empédocle il considérait que l'intelligence humaine est une participation à l'intelligence universelle. Toute sagesse et toute perfection étaient dans cette intelligence universelle. La loi de l'homme consistait à s'en rapprocher le plus possible. Cette croyance est semblable à celle de tous les grands penseurs de l'Inde, car la vérité est une et, seule, change la manière de l'exprimer.

Y A-T-IL DES MÉTHODES
POUR ENTRER EN RAPPORT
AVEC DES ÊTRES SURNATURELS

« Ô *Seigneur, préservez-moi de la tentation de communiquer avec les esprits inférieurs et de me rapprocher des puissances du mal, même en les effleurant avec ma pensée!»*

Ainsi devrait s'exprimer chaque homme dès que filtrerait à travers ses rideaux la première lueur du soleil matinal.

Car les esprits inférieurs sont tout proches, errant dans l'atmosphère humaine, pleins d'inconscience et de malfaisance, prêts à souffler les colères et les jalousies tandis que les intelligences supérieures, sont bien loin et bien haut, inaccessibles, séparées de nous par ce mystère qui est dans la superposition des différents plans de vie.

Ce qui importe c'est d'obtenir des moyens plus complets de réalisation spirituelle. Une entité inférieure ne pourra évidemment pas indiquer ces moyens.

Il faut renoncer à tout avantage matériel, à toute forme de puissance. Le chemin qui monte vers l'esprit est à l'opposé de celui qui mène à la conquête de la vie. *«Vous aurez toutes ces choses par surcroît»,* est-il dit couramment dans les Occultismes variés d'après l'Évangile. Il n'en est rien.

Il ne faut pas compter sur ce surcroît. Celui qui n'a plus besoin de rien, a tout ce qu'il désire. Ce n'est que dans cette mesure que l'affirmation est vraie.

Le principe premier, en matière de communication, et si toutefois il peut y avoir un principe, c'est que plus les êtres sont élevés, plus il faut s'élever à eux. Ils n'ont pas la possibilité de descendre à nous et d'ailleurs ils n'en éprouvent pas le désir parce qu'ils en sentent la vanité. On ne communique aisément qu'avec les entités inférieures.

Il faut pourtant retenir une parole de Plotin qui est rapportée par Porphyre.

Un jour que son disciple Amelius allait se livrer à certains sacrifices à certains Dieux, au moment de la nouvelle lune, il voulut emmener son Maître Plotin. Plotin lui dit : « *C'est aux Dieux de venir à moi, non à moi d'aller à eux…* »

« *Quelle était sa pensée en prononçant des paroles si fières ?* » s'est demandé Porphyre, « *c'est ce que nous ne pûmes comprendre.* »

Bien que moins bien placés que Porphyre dans le temps et dans l'espace pour comprendre ce qu'a voulu dire Plotin, on peut assurer que ce n'était pas par orgueil que ce sage parlait ainsi. Il savait que celui qui a créé un parfait réceptacle de l'âme pour la descente de l'esprit aura naturellement cette descente, quand l'heure en sera venue.

On peut rapprocher de cette parole de Plotin, le début du livre de Sri Aurobindo intitulé « *La Mère* » où il parle de « *la plus haute force supramentale descendant d'en haut* » à la condition qu'il y ait en bas, « *un don de soi total et sincère* ».

De tout temps les hommes ont cherché à se mettre en rapport avec les forces inconnues dont ils sentaient la présence autour d'eux.

Ils ont inventé des rites magiques, espéré dans le pouvoir des sons et dans celui des signes. Ils ont agi avec les puissances invisibles, comme ils agissent entre eux et ils ont pensé que la loi la plus forte devait être la meilleure avec elles, comme elle est la meilleure dans le monde physique.

On retrouve sans cesse dans toutes les littératures magiques l'idée d'un génie esclave, qui arrive quand on l'appelle, c'est-à-dire quand on se sert d'un talisman auquel il est lié. Presque à toutes les pages des *Mille-et-une nuits*, on voit accourir un Efrit formidable quand un magicien rusé frotte une bague ou prononce un nom. Et il était bien entendu que le roi Salomon avait toutes sortes d'esprits à ses ordres, qu'il commandait par le maniement de son célèbre sceau.

Chez tous les peuples, il y a eu des hommes qui ont étudié une certaine science des diagrammes, c'est-à-dire des figures groupant des signes géométriques et des noms de Dieu. Tout être est lié à son nom du moins dans une certaine mesure. Il y a une certaine correspondance entre l'être et l'image de son nom écrit ou des vibrations de son nom prononcé avec l'intonation de l'appel. La géométrie est une science abstraite qui correspond profondément aux lois du monde physique. Par l'association d'un nom et d'une certaine figure géométrique, on peut avoir un pouvoir sur l'être qui porte le nom et qui est lié à la figure.

Voilà le principe. Mais correspond-il à une réalité pratique? Les magiciens affirment que oui.

Il ne peut s'agir en tout cas que d'une entité n'appartenant pas à l'ordre où se classe le genre humain et il y a tout à redouter de ce genre d'êtres qui naturellement sont inaccessibles aux notions proprement humaines, comme la justice ou ce que nous nommons l'humanité.

Plus encore que dans les Pantacles et les Talismans, l'Antiquité a connu l'art de lier des Dieux ou certaines Forces Divines dans des statues. Les Theraphim hébraïques en sont un exemple. Il y eut en Grèce et en Égypte des statues parlantes comme celle que signale Tacite dans ses Annales. L'idolâtrie fut d'ailleurs définie par l'Église: *« L'art d'appeler les Démons et de les incorporer dans des statues »*.

Mme David Neel nous a rapporté dans ses différents ouvrages comment tous les moines et tous les ascètes du Tibet pratiquaient la vitalisation de Talismans à aspect humain appelés des *« Kyilkors »*. Il y a une science très complexe qu'elle a décrite et pratiquée elle-même pour la création de ces intermédiaires qui reçoivent une sorte de vie de celui qui les crée avec amour. L'homme qui médite en présence du *« Kyilkor »* a ainsi un compagnon mystique qui est animé à la fois par lui-même et par la Déité qu'il invoque. Il en reçoit une assistance psychique. Mais il est obligé d'entretenir par un effort quotidien, cette vie à la fois divine et humaine et s'il cesse de le faire il y a une sorte de mort du « *Kyilkor* ».

On peut sentir matériellement par une impression de chaleur la vie du « *Kyilkor* » rayonner de lui sans qu'il soit possible de se dire victime d'une illusion. J'en ai fait personnellement l'expérience.

Au cours des guerres qui marquent l'histoire des peuples, pendant les sièges, les habitants des villes avaient coutume d'invoquer la divinité tutélaire de leur cité. Il est arrivé que cette divinité fût cause d'un événement protecteur qui sauvait la ville. Les Romains savaient au cours de leurs conquêtes qu'ils pouvaient se trouver en présence d'une force subtile que leurs machines de guerre n'abattaient pas. « *On faisait évoquer par des prêtres* », dit Marques Rivière d'après Pline, « *le Dieu tutélaire de la ville et on lui promettait de lui rendre à Rome le même culte.* » Ce n'était pas supposer à ces entités locales un amour bien grand.

Il est à rapprocher d'une telle conception le récit que m'a fait aux Indes un hindou lettré. Très souvent, dans son enfance, se promenant aux environs de son village natal, il voyait une forme beaucoup plus grande qu'un homme qui en faisait lentement le tour. Un vieillard questionné lui avait assuré que c'était le Déva protecteur du village. Il l'avait lui-même vu souvent.

Le tabernacle juif, le Saint des Saints, n'était qu'un réceptacle magique qui permettait la descente du redoutable Yahvé, entité puissante qui commandait à Israël, entité sévère qui mélangeait la protection et le châtiment.

Le choix du métal ou surtout de la pierre avait une grande importance dans la composition du talisman qui devait faire venir et capter la force d'une déité. Car il s'agit toujours de déités d'ordre matériel qui ont des affinités avec certaines pierres précieuses. La nature de ces pierres, suppose-t-on, leur est un séjour de vie propice, selon la qualité de leur essence.

En principe, les pierres précieuses comme le diamant, représentant une dureté exceptionnelle, un degré de minéralisation plus grand que celui de la roche ordinaire, ne devraient être le réceptacle que d'une force leur ressemblant, les semblables s'attirant entre eux. Dans quelle mesure faut-il croire à certaines réactions des pierres en rapport avec la puissance qui est en elle ?

Aristote attribuait à l'émeraude le pouvoir de guérir les maux de tête et une vieille légende dit que l'émeraude d'une vierge innocente éclata en morceaux quand elle épousa un roi de Hongrie, aux mœurs lubriques. Une chaste déité habiterait donc l'émeraude. Mais on peut dire sans crainte d'erreur qu'on n'en a aucune certitude scientifique.

Les communications diaboliques ou considérées comme telles ont donné lieu à une abondante littérature. Communiquer avec les forces inférieures ou passionnelles est ce qu'il y a de plus aisé, car le seul fait de s'abandonner à ses passions, de revenir à l'état de désir après l'avoir abandonné est un premier pas dans la voie du mal.

Bien entendu le mal et le bien sont relatifs. Mais on convient universellement que l'ignorance et une obéissance sans réserve aux passions animales constituent un retour en arrière, un mouvement contraire à l'orientation du monde vers l'Esprit et on peut justement l'appeler le mal.

Le pacte conclu avec l'entité vulgairement nommée Diable avait cette particularité qu'il devait être brûlé après avoir été signé de son propre sang. On n'a jamais entendu parler d'une semblable formalité pour un pacte conclu avec le Bouddha ou avec Jésus-Christ. C'est que le feu est considéré alors comme le messager d'un autre monde, le monde invisible, où se tiennent les entités inférieures. Le feu apparaît brusquement, sortant on ne sait d'où, et il rentre en s'éteignant dans le monde d'où il vient.

Il emporte avec lui le pacte qui est détruit dans le monde physique, mais s'inscrit ailleurs, sur des tablettes sans forme où les créatures mauvaises peuvent en prendre connaissance malgré leur demi-conscience et leur vie larvaire et débile.

Mais presque toutes les formes d'invocation pour communiquer avec des forces invisibles, même en admettant qu'elles sont tout à fait dépourvues d'enveloppe matérielle comportent la connaissance d'un nom. Comment pourrait-il y avoir appel sans une désignation quelconque?

La connaissance du nom est indispensable pour l'évocation, disent avec unanimité les Magiciens et les Kabbalistes. La possession des syllabes du nom et de ses résonances entraîne presque l'obéissance de l'être qui porte le nom.

Malgré les autorités qui l'affirment, je me permettrai de faire une remarque sur cette puissance des noms. Elle est du reste spéciale à l'Islam, religion dans le sein de laquelle on donne parfois de faux noms aux enfants pour que le vrai ne soit pas divulgué et qu'ainsi certaines forces maléfiques n'en puissent faire mauvais usage.

Le nom est surtout un attribut du monde terrestre. Il est le signe distinctif d'une personnalité définie, limitée. À partir de l'instant où la personnalité est dissociée, le nom qui en est le symbole perd son importance. Ceux qui ajoutent foi aux communications spirites auront pu constater que les forces qui se manifestent ont des oublis étranges quand il s'agit de leur ancien nom.

Les noms sont créés dans les langues en rapport avec nos perceptions physiques. Ils ne peuvent plus correspondre à rien dans des mondes où il n'y a pas de perception physique. Le nom, s'il s'agit d'un appel à une entité supérieure, ne peut être qu'un point d'appui pour notre concentration.

Il y a une preuve assez forte du peu d'importance, ou même de l'absence de nom, chez les puissances invisibles. Si l'on considère l'ensemble des lieux de pèlerinage dans le monde où se produisent des guérisons, en dehors de la médecine, sans aucun traitement, on est tenté de penser que pour une raison inconnue, une entité désireuse de secourir a fait élection d'un endroit spécial, d'ordinaire une hauteur, quelquefois une grotte, parfois un arbre ou une fontaine.

En Occident, tous ces lieux étaient l'habitation d'une divinité païenne qu'on invoquait sous son nom païen. Le Christianisme a d'abord lancé l'anathème sur ces lieux.

Comme les pèlerinages et les guérisons continuaient, il a, avec beaucoup de sagesse, placé un saint sur la hauteur ou dans la grotte. Les croyants ont continué à être guéris, malgré le changement de nom, que peut-être le pouvoir guérisseur, dans sa sereine tranquillité, n'a même pas perçu.

Si nous prenons le livre *Amulettes, Talismans et Pentacles* de Marques Rivière, nous trouvons les noms de tous les Anges et de toutes les Divinités, que ce soit ceux de Denys l'Aréopagite, du Zohar, de Lenain, d'Éliphas Levi, avec la reproduction de tous les signes et de toutes les méthodes d'invocation de tous les temps et de tous les peuples. Celui qui a pu assimiler et exposer une telle Science Évocatoire devrait avoir, mieux que Paracelse qui n'avait capté qu'un misérable petit génie élémentaire, toutes sortes d'Anges et de Daïmons à ses ordres.

Sa maison, les soirs de pleine lune qui sont ceux où les esprits sont les moins farouches, devrait être enveloppée d'un bruit d'ailes et, selon le Pantacle en action Sabaeiao des Gnostiques, Hemachiel de la Kabbale, ou le Chinois Ti Tsang Wang, devraient être présents autour de lui, prêts à exécuter ses ordres. Ils y sont peut-être, répondra celui qui a une foi absolue dans la Magie. Mais pour moi, ce n'est pas bien sûr.

Il y a un autre élément plus essentiel pour que l'âme humaine puisse se mettre en rapport avec des âmes plus élevées que la sienne ; tellement plus essentiel, que les Amulettes, les Pentacles et les Noms Divins prononcés selon un rythme enseigné par des générations de Magiciens et transmis dans le plus absolu secret, sont d'une parfaite inutilité.

GRÂCE BOUDDHISTE
ET GRÂCE CHRÉTIENNE

L'élément essentiel est la prière, l'élan de soi vers l'Esprit Divin où l'on trouve paix, béatitude, intelligence souveraine. Ce n'est que par sa qualité que l'on parvient à atteindre de hautes puissances et peut-être Dieu lui-même.

Mais la prière essentielle, la seule qui compte, ne comporte aucune demande pour des choses matérielles, pour des réussites, des prospérités. La demande est vaine, l'obtention est un retard. Ni les Divinités protectrices, ni le Dieu solitaire et omniprésent, personne ne peut rien, hors nous-mêmes avec notre effort si débile, à la seule chose qui importe, notre avancement en perfection, notre marche vers le but lointain.

Quelle lenteur ! quelle difficulté pour accomplir le plus infime progrès. Il semble que notre âme ait une densité et une résistance infiniment plus grande dans le domaine spirituel que celle des métaux les plus durs dans le domaine de la matière. Une fois qu'un défaut ou plutôt une tendance à un défaut a été identifiée, examinée sous toutes les faces et désignée pour la destruction, une vie entière ne suffit pas non pas à détruire, mais à modifier légèrement cette tendance !

Une fois, en me réveillant le matin, j'eus la perception, non pas de mon âme, mais d'une sorte de double singulier, qui était placé au-dessus de moi et qui après quelques secondes, s'engouffra dans mon corps. Ce double, légèrement bleuâtre, avait un vague contour humain, mais ce qui m'impressionna avec force, ce fut, que bien que transparent, il me donna le sentiment qu'il était pétri d'une matière de nature électrique (le mot électrique vint tout de suite à mon cerveau) et que cette matière avait une prodigieuse résistance à l'usure ou à la transformation. Si c'était là le double des Occultistes, le corps passionnel, assurément une longue durée lui était promise, quand mon corps physique serait détruit et qu'il vivrait dans le monde des doubles !

Y a-t-il des enseignements, des instructions ? *« Lisez donc Pascal ! »* dit en souriant l'homme supérieur de mon pays. Dans Pascal on lit ceci :

« Dieu hait et méprise les pécheurs tout ensemble jusque-là même qu'à l'heure de leur mort, qui est le temps où leur état est le plus déplorable et le plus triste. La Sagesse Divine joindra la moquerie et la risée à la vengeance et à la fureur qui le condamnera à des supplices éternels. »

Non, non, fausseté ! Une telle parole ébranle à jamais le misérable édifice de toute Sagesse Occidentale, bien misérable pour reposer sur de tels fondements !

Il y a des instructions et des enseignements. C'est dans les œuvres de Sri Aurobindo, le plus grand philosophe et le plus grand sage de l'Inde, que j'ai trouvé personnellement les plus profonds, ceux qui vont le plus loin dans la vérité intérieure. Je crois qu'humainement il n'est pas possible de révéler davantage. Mais face à face avec lui-même, l'homme n'a pour dernier recours que la force et la sincérité de sa propre aspiration avec laquelle il doit entreprendre la conquête divine.

Assurément, si l'on se trouvait à côté d'un Maître tel, qui a déjà suivi le chemin, franchi les étapes et cela pendant les immenses durées de la vie de l'âme et si l'on pouvait en recevoir parfois des indications, la marche serait sinon aisée, du moins possible. Il ne serait peut-être même pas nécessaire de recevoir des indications, il suffirait de vivre dans sa proximité. Une lente communication, le jeu naturel des forces spirituelles, permettrait à l'esprit de s'élever, sans même savoir qu'il s'élève.

Mais en Occident l'homme est seul et à partir du moment où il a fait avec lui-même le pacte de se consacrer à sa propre élévation spirituelle, bien qu'il n'ait pas divulgué ce pacte, bien qu'il l'ait même soigneusement caché, tout le monde se détourne de lui comme s'il était atteint de quelque maladie invisible et dangereuse. Une parfaite solitude comme un manteau de glace, tombe sur lui.

Y a-t-il un égoïsme transcendant à vouloir parvenir dans un domaine de l'Esprit où les autres n'ont pas accès? Je crois qu'il y a plutôt un désintéressement supérieur.

C'est sa parfaite solitude qui incite l'homme à chercher le Maître qu'il ne trouve pas parmi ses semblables, dans le monde irréel vers lequel il s'efforce.

Il croit le trouver. Des illusions naissent et passent pendant les heures de contemplation. Des visages apparaissent les uns assez grotesques pour faire penser qu'ils ne sont pas des intermédiaires sublimes, mais les autres avec une apparence assez noble pour donner un corps à l'espérance. Et il y a d'autres illusions des lumières, des étoiles rayonnantes, des signes singuliers, des roues qui tournent, des fleurs qui s'épanouissent, et qui sont peut-être des messages dans un langage idéographique, des messages d'êtres qui se servent de la géométrie et des symboles pour exprimer des choses divines qu'on ne comprend pas. Et si l'on ne comprend pas, on a toujours la consolation de penser que quelqu'un s'est adressé à vous, vous a jugé susceptible de comprendre et que s'il a constaté votre stupidité, il a dû percevoir aussi votre bonne intention.

Dans les lettres de ceux qui sont connus comme les Premiers Instructeurs de la Société Théosophique, on trouve le réflexe produit chez le Maître par la constatation de la stupidité du disciple.

Ce disciple était un correspondant dont le nom n'est pas demeuré, qui avait écrit au Maître que *« les gens n'acceptaient pas toute la vérité, s'il n'y avait pas un père aimant, créateur de toute chose, dans le ciel. »*

« Dans ce cas », fut-il écrit au cours de la réponse, *« moins de tels idiots entendront parler de nos doctrines, mieux cela vaudra pour les uns et les autres... Les Occidentaux ont à peine appris à reconnaître ce que nous appelons la Sagesse dans son sens le plus élevé. »*

Il faut s'accoutumer à considérer l'intelligence comme un devoir et si ce devoir est difficile à remplir il faut y suppléer par la pureté spirituelle que tout homme peut obtenir pour lui-même, s'il le veut, à défaut d'intelligence compréhensive.

Au milieu des illusions, parmi les attentes où la vérité ressemble au mensonge, ceux qui méditent pensent que l'antique notion de la grâce a beaucoup de commodité, du moins pour l'élu. Non point la grâce Bouddhiste bien entendu. Celle-là n'est qu'une goutte d'eau qui fait déborder le vase.

Pour qu'un vase déborde sous l'action d'une goutte, il faut qu'il ait été rempli. Le vase de l'âme est un gouffre où il faut jeter des millions de bonnes pensées. Alors un jour, il y en a une, une toute petite et ultime pensée, qui fait soudain que l'on se trouve prêt tout d'un coup pour la plus haute réalisation spirituelle.

Le Bouddha a dit :

— « *Le moment vient où l'âme du disciple, s'il s'applique à la droiture et s'il s'applique à la méditation et à la sagesse, libre de tout attachement aux choses de la terre, est affranchie de tout principe de péché.* »

Et Ramakrishna a dit :

— « *La grâce ne fait pas de doute !* »

Il faut l'attendre, mais en s'adonnant à la méditation et à la Sagesse et on ne l'aura qu'en vertu de la méditation et de la sagesse.

Il en est autrement de la grâce chrétienne. Elle est le résultat d'un don bénéfique, d'une faveur spéciale. On est choisi. Et le fait d'être choisi au milieu d'une foule, indépendamment de tout mérite, est bien agréable. Pour bénéficier de cet agrément et nourrir l'espoir d'être parmi les prédestinés, il faut ajouter foi à ces paroles que le véhément apôtre Paul met dans la bouche de Dieu lui-même :

— « *J'ai aimé Jacob et j'ai haï Esaü. Je ferai miséricorde à qui je ferai miséricorde et j'aurai pitié de qui j'aurai pitié.* »

Cette haine de Dieu pour Esaü est atroce et inspire l'envie d'aimer Esaü, malgré son éloignement dans le temps, et de le rejoindre pour être réprouvé avec lui. Car la haine de Dieu est-ce qu'on peut imaginer de plus affreux.

Il ne faut pas compter sur le choix divin. Il faut se choisir soi-même et tenter d'atteindre, avec les ailes de sa propre vertu intérieure, dans le silence et la solitude qu'on pourra arracher aux tourments de la vie, non pas les intermédiaires, si magnanimes soient-ils, mais cette Mère divine qui faisait danser d'amour Ramakrishna, dans un temple à cinq dômes, au bord du Gange, cette Mère divine que Sri Aurobindo nous montre au-dessus des Dieux et de leurs énergies et dont il dit :

— « *Toutes les scènes du jeu terrestre ont été, comme dans un drame, organisées, conçues et jouées par elle avec les Dieux cosmiques comme auxiliaires et elle-même comme un acteur voilé.* »

L'EXPÉRIENCE DE LA PRIÈRE

Je vais relater une expérience personnelle, mais en faisant une déclaration d'humilité et en déclarant d'avance qu'elle est très petite, très modeste, presque inexistante. Car il m'a été donné de remarquer que toutes les fois que j'ai eu l'imprudence, ou plutôt la folie de relater une expérience du domaine de l'Esprit, à quelqu'un que je jugeais susceptible de la comprendre, j'ai surpris un éclair de colère dans le regard de mon interlocuteur et il m'a aussitôt appris qu'une telle expérience avec un caractère de banalité dérisoire et que lui en avait quotidiennement de mille fois plus élevées.

Je m'excuse donc d'avance de la pauvreté de ce que je vais dire.

Chacun lutte avec son ignorance, plus ou moins sincèrement; dans la mesure de son orgueil. Mais qu'il s'en fasse ou non l'aveu, chacun, dès qu'il envisage le passé ou l'avenir de son âme, se trouve en présence d'une immense mer de ténèbres, qui n'a pas de lumière à son horizon.

Quelques-uns, par la connaissance des traditions bien interprétées, par l'heureuse fortune de Maîtres rencontrés, par la fortune plus heureuse encore d'une Science de l'Esprit qu'ils ont intérieurement conquise, ont pu changer les ténèbres en un crépuscule et ils perçoivent les lois générales, le balance des actes, l'immense harmonie des gravitations.

Du sommet, à un degré assez inférieur de l'échelle, il n'y a pas d'intermédiaire, les échelons, manquent. Donc, si je parle de ténèbres, elles seront familières aux hommes sincères qui ont tâtonné parmi elles, avec le bâton blanc sur le manche duquel est écrit: Espérance.

C'est dans cet océan immense, muet, éternel que mon âme a cheminé. Ce voyage avait lieu chaque soir après des lectures, avant le sommeil. Peut-être aurait-il mieux valu l'entreprendre le matin, de telles ombres étant plus aisées à percer quand le soleil luit à la fenêtre. Je le savais et pourtant c'était toujours la nuit que je l'entreprenais.

Je m'aperçus vite que la formule d'appel, la parole, avait un pouvoir d'aide, était un point d'appui, un moyen de Contact. J'essayai les prières connues et n'en obtins pas de résultat.

J'en composai moi-même un grand nombre et j'en mis à l'épreuve l'efficacité. Cette efficacité était réelle, tant que je ne les savais pas par cœur. Les prières semblaient mourir dès qu'elles étaient sues et que je les récitais de mémoire. Ma pensée avait de la peine à les accompagner.

Peu à peu j'écartai les formules inutiles, les mots sans résonance, non pas au point de vue de l'harmonie, mais à un autre que je ne déterminai pas. Certains mots ont une sorte d'auréole dont les autres sont dépourvus. Je m'aperçus que certaines syllabes avaient des correspondances dans l'invisible et, comme si elles étaient douées d'ailes, elles permettaient aux paroles de voler. Ces syllabes n'avaient pas besoin d'être prononcées, il suffisait de les penser.

Au bout d'un certain temps, je sus avec certitude diverses choses relatives à la prière.

Il devait y avoir une prière pour chaque homme et chacun devait la trouver lui-même.

La prière n'avait de chance d'être efficace, d'atteindre son but éloigné que si elle ne contenait aucune demande matérielle. Plus le motif était spirituel et plus la prière allait loin.

Certains mots étaient négatifs, faisaient revenir en arrière, comme le mot mal ou celui de péché. Et d'autres, comme le mot amour, le mot grâce ou même le mot créature, dans la seconde où ils étaient prononcés avaient une correspondance immédiate de béatitude.

Et il arriva qu'une fois, ayant terminé la diction à la fois murmurée et pensée de la prière, j'eusse le sentiment léger d'une présence, en même temps que j'étais envahi d'une paix plus grande qu'à l'ordinaire. Ce n'était pas ce que j'attendais. Mon espérance, d'ailleurs confuse, était la communication avec un être appartenant à une hiérarchie élevée, un être particulier, susceptible de répondre quelle que soit la distance séparant le supérieur de l'inférieur. Et il y avait à l'arrière-plan, de cette espérance une apparition éblouissante de quelque déité d'un monde supraterrestre qui m'aurait souri dans la splendeur et qui aurait laissé mon âme dans un complet ravissement.

Ce n'était rien de semblable et il me fallut un peu de temps et de réflexion pour ne pas faire état d'une déception.

Ce que j'avais éprouvé est malaisé à traduire en paroles, sans pauvreté ni platitude. J'avais communié avec une présence à peine sensible, j'avais eu la notion encore vague, mais certaine d'un être immense, mais d'un être qui n'était pas différent de moi, dont je faisais partie ou plutôt dont mon être spirituel faisait partie.

Mais je n'en faisais partie que dans la mesure où j'en avais pris conscience. J'avais été lui-même par la sincérité de mon effusion, par l'élan spontané de ma prière que j'avais suivie comme un chemin invisible, me menant à cette communion. Et cela avait duré assez dans le temps pour que je puisse percevoir que l'essence intime de cette présence était béatitude profonde et douceur sans fin.

Mais sans que je puisse l'expliquer, l'idée d'une intervention de cette présence immense était risible. Elle était peut-être en même temps que la conscience cosmique l'ordre des choses qui, étant l'ordre ne peut causer le désordre par une intrusion dans l'harmonie.

J'ai considéré cette petite expérience comme une grande promesse. Si le Bouddha décourageait les hommes de toute recherche métaphysique c'était à cause de la complexité infinie des lois du monde susceptible de les effrayer. Mais il savait qu'arrivé à une certaine hauteur dans la contemplation divine, on trouvait la béatitude, inséparable de l'esprit pur. Le plus léger reflet que vous apporte l'expérience est la confirmation de cette vérité.

Et il savait aussi que celui qui s'est complètement détaché du désir terrestre peut atteindre l'état le plus subtil et le plus parfait de l'esprit qu'il appelait Nirvana et dont la caractéristique est de ne pouvoir être décrit par aucune parole humaine.

RAMAKRISHNA, LE SAINT
QUI VOYAIT DIEU

Peut-être les interventions d'êtres supérieurs nous sont-elles proportionnelles au désir que chacun a d'en avoir et leur qualité dépend-elle de la qualité de l'homme qui demande.

Le croyant du livre-questionnaire d'Allan Kardec entend des coups frappés dans son mur et reçoit par une table des préceptes moraux d'une grande banalité signée Saint Louis ou le curé d'Ars. Si c'est au contraire un des plus grands saints que la terre ait jamais connus qui fait l'appel, je veux parler de Ramakrishna, comme s'il traitait d'égal à égal, il voit venir à lui les grands messagers divins en personne.

Sa Sainteté lui permit même davantage. Il disait qu'il conversait avec Dieu. Sur la véracité de pareils entretiens ont témoigné ceux qui l'ont approché, ses disciples, hommes d'une vie pure et auxquels le mensonge paraissait horrible. Plusieurs étaient des érudits et des philosophes et certains comme Vivekananda étaient partis de la négation matérialiste la plus complète et ont laissé une œuvre qui est le témoignage de leur culture rationnelle. On peut donc dire, par transposition, que c'est comme si en France MM. Bergson, Langevin et Marcel Boll étant allés vivre auprès d'un saint dont la renommée les aurait attirés, se portaient garants de la présence d'un être divin auprès de lui et même de Dieu en personne.

Ramakrishna vivait encore il y a quelques années. Il devrait être très connu en France grâce à l'admirable livre que Romain Rolland lui a consacré. Il ne l'est pourtant que d'un tout petit nombre. Le parti pris de nos contemporains est tel que si l'on parle de « *La vie de Ramakrishna* » aux admirateurs de Romain Rolland, ils répondent :

— « *Oui, j'ai lu sa vie de Beethoven et aussi Jean Christophe* ».

D'ailleurs Romain Rolland a glissé sur les apparitions divines de Ramakrishna sans les commenter et un peu comme s'il s'agissait d'une imagerie merveilleuse et puérile servant d'illustration à la vie d'un grand homme.

L'Inde croit unanimement à la possibilité des incarnations divines qu'elle appelle des Avatars. L'esprit divin descend parfois dans un homme, à un moment choisi. « *Toutes les fois que la vertu décline dans le monde et que le vice et l'injustice l'emportent alors je me rends visible et je me montre d'âge en âge* », dit la Bhagavad Gita.

Krishna, le Bouddha, Jésus furent des hommes divins. Si une telle conception est odieuse aux occidentaux, ils peuvent toutefois admettre qu'il y a des hommes plus développés que d'autres et que ce sont ceux qui occupent le sommet de l'échelle qui sont appelés divins et qui le sont en effet, par cela seulement qu'ils se sont dépouillés de tout ce qu'il y avait d'humain en eux.

Une fois ceci admis, et si l'on admet que Ramakrishna faisait partie de cette élite divine, le fait qu'un de ces hommes appelle et fait venir un de ses pairs dont l'existence se poursuit certainement dans l'au-delà n'a rien de bien invraisemblable. Ce n'est invraisemblable en tout cas que pour ceux qui nient toute survivance après la mort et même toute réalité spirituelle.

D'après Mukerji, brahmane, auteur d'une vie de Ramakrishna presque aussi belle que celle de Romain Rolland, des vieillards vivants encore aujourd'hui dans le village natal de Ramakrishna se rappellent l'avoir vu sortir du temple où il avait atteint pour la première fois l'illumination. Une lumière se dégageait de son visage qui était si intense qu'on était obligé de détourner la tête. Quand il tombait en extase ce phénomène se reproduisait, mais à un degré moindre.

Il vit un jour un fakir musulman. Il perçut à travers l'enveloppe de ce corps prosterné, que cet homme, par l'Islam aussi réalisait Dieu. Il se mit à adorer Allah, suivant les pratiques du Mahométisme en portant même le costume. Et un jour il eut la vision « *d'un person-*

nage radieux à la mine grave, à la longue barbe ». C'était le Prophète qui s'approcha de lui et se fondit dans son corps.

Sans doute « *l'image qu'il se faisait du Prophète* » suggère Romain Rolland. Une création mentale, diront tous ceux qui connaissent l'immense pouvoir de création de la pensée. Mais une création mentale faite par une pensée longtemps soutenue devrait être toujours présente. Tous ceux – comme madame David Néel par exemple – qui ont créé des images par l'effort de la pensée ont témoigné que cette image devenait une hantise et qu'il fallait pour la détruire le même travail mental que pour la créer. Une vision passagère est bien plus vraisemblablement l'union d'une image prise dans le mental de celui qui invoque et d'une entité qui n'ayant à sa disposition aucun moyen de représentation se sert d'une création à l'état d'ébauche, création qui ne dure qu'autant que l'entité est présente. Ce n'est pas un argument contre cette affirmation de dire que l'image ne ressemble pas au modèle et que, par exemple le Prophète n'avait pas de barbe tandis que l'image de Ramakrishna en avait une. Le Prophète a pris l'image qu'il a trouvée.

Quelque opinion que l'on se forme, la preuve est impossible à faire, dans un sens comme dans un autre.

La vue d'un chrétien et la lecture des Évangiles poussa Ramakrishna à l'amour de Jésus-Christ et « *une après-midi, dans le bosquet de Daksbineswar, il vit venir à lui un personnage aux beaux grands yeux, au regard serein, au teint clair* » pendant qu'une parole intérieure lui disait qu'il était en présence du Christ. L'apparition le prit dans ses bras, l'embrassa et comme celle de Mahomet se fondit en lui.

Mais outre l'image de ceux qu'il nommait des incarnations divines, Ramakrishna qui adorait la divinité suprême sous la forme de la Mère, vit souvent devant lui l'image de cette divinité. Peut-être était-ce d'autant plus aisé pour lui qu'il voyait Dieu dans tous les êtres.

Une fois qu'il faisait dans le temple une offrande à Kali, la Mère, un chat attiré par la nourriture, se mit à miauler. « *Ne miaule pas, ô Mère* », s'écria-t-il, « *tu vas avoir satisfaction* ». Car le chat était Dieu pour lui.

Mais il avait eu des visions plus conformes à ce que nous attendons des manifestations divines.

La première fut obtenue par l'excès du désespoir de n'en pas avoir. Romain Rolland note avec justesse que la révélation a toujours le même processus. « *Elle se produit à l'heure exacte des limites vitales, quand les dernières réserves de la volonté de combat sont épuisées.* »

Ramakrishna déclara devant la statue de la Mère que s'il n'avait pas, le jour même, l'illumination qu'il attendait depuis douze années, il se tuerait. Et l'illumination se produisit. Il vit la Mère avec l'apparence qu'il lui prêtait, au milieu d'une lumière éblouissante qui illuminait le temple. Il devait par la suite la revoir à son gré au cours de ses extases.

Tout le monde peut la voir, disait-il, dans la mesure de son détachement et de son amour. Et par le toucher, il communiquait un état, l'état d'enthousiasme dans lequel il était lui-même, au cours duquel on participait à un autre plan d'existence.

Il fallait atteindre l'état d'identité et alors chacun pouvait voir la mère. « *Pouvez-vous voir Dieu ?* » demanda Vivekananda à Ramakrishna, la première fois qu'il alla le voir.

— « *Oui, exactement comme je vous vois, mais avec plus d'intensité* », lui répondit-il. Et ses disciples ont toujours déclaré qu'ils restaient auprès de lui parce qu'ils en obtenaient ce qu'aucun maître jamais n'avait pu procurer à ses disciples, la vision de Dieu.

Cette vision a lieu au cours de l'extase ou samadhi et sa caractéristique est d'être inexprimable par des mots. Chacun portant Dieu en soi et étant Dieu, la grande expérience consiste à réaliser l'identité avec le monde, avec la Mère, à la voir, à devenir elle.

Mais cette expérience est une chimère, une pure illusion de mystiques ! s'écrieront les professeurs de psychologie et tous les hommes pénétrés de la culture d'occident qui considèrent que les seules expériences valables sont celles qui portent sur le monde physique. On ne peut leur répondre qu'une chose. Pour examiner le monde physique et tirer des conclusions de son expérience, seul l'esprit compte. Pourquoi cesserait-il de compter quand on l'examine en lui-même et dans sa plus haute manifestation ?

Ramakrishna nommait la Mère ce que Jésus appelait le Père et ce que Bouddha, peut-être plus rationnellement, appelait Nirvana. Mais tous trois étaient arrivés au même résultat et peut-être d'autres hommes inconnus y sont-ils arrivés aussi dans le silence et la solitude. Peut-être l'humanité ne connaît-elle que les noms de ceux qui se donnent comme exemples, qui se crucifient volontairement dans la vie dans le but d'aider les hommes. Les autres s'élèvent silencieusement et disparaissent.

Le saint de Dakshinesvar fut-il une incarnation divine ? Tous ceux qui arrivent par l'identification à communiquer avec l'état divin, avec l'esprit pur, avec l'absolu, deviennent cet esprit et cet absolu et sont, quand ils réapparaissent sur la terre, des incarnations divines. Ils semblent être encore très peu nombreux. Ils sont à tel point rares qu'après leur mort une religion s'édifie avec leur souvenir et ne manque jamais de déformer ce qu'ils ont enseigné.

Il se peut que tous les hommes, jusqu'au dernier nègre anthropophage soient destinés à atteindre le merveilleux état des incarnations divines. L'existence des mondes n'a vraisemblablement pas d'autre but ou si elle en a d'autres, on n'entrevoit que celui-là. Mais la lenteur de la progression des âmes est telle qu'un tout petit nombre de réalisations seulement pourront avoir lieu avant que la planète achève son destin cosmique. À moins qu'il n'y ait soudain une accélération de transcendance intérieure. Mais on n'en voit pas de trace et il semble même que le mouvement s'opère en sens inverse.

Hâtez-vous vers le salut ! ont dit tous les sages. Et les hommes se sont hâtés vers la jouissance, négligeant le salut.

Beaucoup de saints chrétiens ont obtenu des présences d'autres saints ou d'entités plus élevées. À Lourdes, Bernadette a vu la Mère de Ramakrishna qui avait pris le costume et l'apparence de la Vierge Marie à laquelle la jeune fille croyait, car elle peut revêtir toutes les formes, même celles des Dieux fétiches des îles Marquises.

Thérèse d'Avila vit Jean d'Alcantara quelques jours après sa mort et elle a raconté comment elle eut souvent la vision de Jésus. Il y a bien d'autres exemples, les mêmes procédés amenant les mêmes résultats.

Dans toutes les religions et sur tous les points de la terre où des hommes ont essayé de s'arracher au poids de leur forme, des êtres appartenant à un autre monde sont venus donner l'annonciation de la vie spirituelle à ceux qui avaient placé en elle leur espérance.

LA PLÉNITUDE QUE DONNENT
LES PRÉSENCES INVISIBLES

Quand on a passé en revue les différentes sortes d'interventions qui s'exercent parmi les hommes, quand on a fortifié ainsi sa certitude par le témoignage de milliers d'expériences, on s'aperçoit qu'on s'est rapproché sans le savoir des présences invisibles. Et cela donne, à certaines heures, une plénitude tranquille qui ressemble à ce qu'on appelle le bonheur.

De tout temps les hommes ont su qu'il y avait une richesse immense à laquelle on pouvait accéder en méditant, un moyen d'échapper au mal, à l'absence de pitié, à l'ignorance, à toutes les causes de la douleur. Mais il semble que les temps modernes s'efforcent avec sûreté, de supprimer cette source, soit en la niant, soit en l'empoisonnant.

D'après Frazer, chez les Indiens primitifs, un jeune homme, à quinze ans, doit se retirer dans la forêt, suivre des pratiques et il finit par voir son esprit protecteur. En général c'est un oiseau, quelquefois un poisson, même un insecte. N'importe quelle créature peut être un réceptacle d'incarnation.

Chez les Esquimaux, c'est le Dieu supérieur Tornasuk qui donne à l'apprenti prêtre un esprit gardien. Les hommes ont toujours eu besoin d'un secours. Ils l'obtiennent quand ils le demandent, mais les choses sont arrangées de telle façon qu'ils ne sont jamais certains de l'avoir reçu. C'est la très grande malice de la nature, la ruse de Dieu.

Jacob Bohme s'hypnotisait pour avoir des visions divines et Plotin disait qu'il fallait les attendre. Aussi il en eut peu. L'appel réitéré est plus fécond. Ramakrishna appela la Mère pendant dix années et la sœur du curé Lamy qui passait la nuit dans la même chambre que lui pendant son enfance ne le vit jamais ni se déshabiller le soir ni s'habiller le matin. Soit qu'elle s'endormit, soit qu'elle s'éveillât, et cela sans aucune exception, elle le vit toujours en prière. La vision, la présence spirituelle est proportionnée à l'effort.

Personne n'aura de regret d'avoir accompli cet effort, même de l'avoir esquissé. C'est trop exiger que de demander une réponse au premier appel. Mais très vite, celui qui rappelle d'un cœur sincère, sent frémir, non le souffle d'une présence, mais un je ne sais quoi d'indicible, un apaisement tranquille. La présence lui vient ensuite et elle est auprès de lui longtemps avant qu'il le sache.

La qualité des présences varie à l'infini, mais celui qui est sage ne s'adresse qu'à la plus haute, celle qui ne peut rien accorder. Car la faculté de donner les choses qu'on désire ordinairement dans la vie diminue à mesure que celui auquel on les demande est plus élevé spirituellement. Et si on entrevoit le haut de l'échelle, on connaît que Dieu ne peut rien qu'il est parfait silence, beauté muette, admirable transcendance, amour sans limites. L'absolu ne connaît pas la différence entre le bien et le mal. Le fils à l'âme excellente qui prie pour la santé de sa mère malade pourra, dans des circonstances données, obtenir une intervention, mais elle viendra d'une région et d'une puissance proche de lui et non de l'ineffable perfection spirituelle qui est au-dessus des formes, enveloppe les lois immenses et ne les trouble pas.

C'est le besoin de justice qui fait que les hommes demandent des interventions, c'est leur crainte de se trouver sans recours dans un monde régi par des lois impitoyables. Celui qui scrute l'au-delà finira par pressentir que ce qu'on appelle miséricorde divine existe dans l'essence même de la loi suprême.

Le temps a dans son principe cette miséricorde. Tout remords s'affaiblit dans son sein. Toute douleur a un terme. L'espace a un refuge analogue. Il contient des possibilités infinies de réalisation, il n'y a pas de limites pour l'espoir.

Celui qui est assuré de l'existence des vies invisibles est assuré de retrouver ceux qu'il a aimés, non dans leur forme matérielle, mais beaucoup plus proches de lui, puisqu'il fera partie d'eux-mêmes. Et il saura que la ressource du monde en amour, si pauvre dans le monde physique, est inépuisable.

Mais surtout il saura qu'il n'est plus seul.

L'homme n'est pas abandonné dans la dure matrice de la terre. Chacun a un secours à la mesure de son âme, même l'insecte aux petites proportions, même le poisson aveugle des profondeurs marines. Il est vain de s'indigner contre la douleur. L'immense conscience divine qui embrasse les éternités doit considérer comme de peu d'importance les douleurs rapides qui sont les nôtres et qui sont en elle. Ces douleurs sont le sel de la vie, la mise en mouvement des âmes qui ont besoin d'être éveillées pour s'élancer vers un but dont la portée nous échappe.

Dans cet ordre immense qui a une apparence de désordre, dans cette succession prévue qu'on appelle hasard, tout s'enchevêtre, tout se mêle, correspond. Lorsque nous croyons que des lois immuables ont été troublées soit à notre bénéfice, soit par une injustice du destin, ce sont seulement des lois que nous ne connaissions pas qui sont intervenues, des êtres et des forces invisibles qui sont devenus visibles par une modification de ces lois.

Mais la faiblesse est humaine et l'Humanité est si pauvre qu'on peut y traverser la vie, dépourvu de frère, dépourvu d'ami. Car on a des amis du corps, mais il est bien difficile d'en trouver de l'esprit! Alors, il est bon d'être assuré qu'outre le petit choix que nous offre notre entourage, nous pouvons compter sur des amitiés invisibles et sur des secours au moment de nos détresses. Le seul danger est de vouloir d'une manière insensée qu'ils se matérialisent dans des formes pour nous donner l'assurance d'une réalité physique qu'ils ne peuvent avoir.

Et celui qui aura compris le caractère de l'aide que l'on nomme surnaturelle, et qui doit le demeurer, doit aussi se garder de la tentation spirituelle aussi attractive que celle des formes et de leurs plaisirs.

Il ne doit pas s'isoler de ses compagnons terrestres et s'élancer vers le monde entrevu, insoucieux de ceux qu'il laisse derrière lui. Nul ne peut échapper à la fraternité terrible des créatures. Leurs os ont la même moelle, leurs veinés charrient le même sang et il faudra traîner leur misère jusqu'au ciel.

Les hommes sont comme des naufragés qui construisent un radeau sur un navire en détresse. Ils doivent prendre place sur le même instrument de salut dont ils ont lié les planches avec leurs mains désespérées. Et s'il en est un qui se jette à la mer et devance ses compagnons, que ce soit pour mesurer les dangers de l'ombre et des vagues, la distance du rivage et pour allumer, quand il l'atteindra, une lumière sur la hauteur.

DEUX PRIÈRES : À LA MÈRE ET AU DIEU UNIQUE QUI EST EN MOI

Ô toi que les sages hindous qui méditent sur les vérités admirables appellent la Mère, je voudrais pouvoir me faire une image de toi pour te parler mieux. Je serais plus près, si je te voyais. Comment ont-ils donc fait, ces sages, pour t'approcher? Tu as bien voulu te montrer à eux à cause de leur patience et de leur perfection. Ah! c'est toujours à cela qu'on en revient! Le désir d'une apparition bienveillante et splendide qui se manifeste parce qu'elle le veut bien.

On t'a représentée sous toutes les formes de la beauté, les unes terribles, les autres charmantes. À laquelle de-vrai-je m'arrêter? La beauté féminine est dangereuse même dans la pierre des statues. Ô Mère du Monde, Toi qui as tant d'emblèmes, tant de signes et tant de visages, je ne peux me détacher de la description que fit de Toi un voyageur dont j'ai oublié le nom! Il T'avait vue au fonds d'un petit temple obscur, dans un pays perdu, rempli de grandes forêts. Tu avais un nénuphar à huit pétales dans la main droite et Tu étais assise entre deux candélabres allumés. Ce voyageur sincère et pieux Te louangeait par ce que Tu délivrais de la crainte des éléphants sauvages et des lions et que Tu favorisais le passage des fleuves. À la vérité, ce n'est pas à cause de cela que je T'ai aimée.

Pourtant, moi aussi, j'ai un grand fleuve à traverser et je sens que je suis entouré d'éléphants sauvages et de lions. Mais pour celui qui est en présence d'un être tout puissant il y a une si grande volupté a ne rien demander, que je préfère me tenir devant Toi, Ô Mère du Monde, en savourant la vertu de ma louange désintéressée.

Et puis, si Tu n'étais pas toute puissante! Si Tu étais prisonnière de ces lois silencieuses qui déterminent les ellipses des comètes dans le ciel, les chutes perpendiculaires des pommes dans les vergers et ne connaissent ni la pitié ni l'intercession. Je préfère ignorer la mesure de Ton pouvoir. Les vœux ne doivent pas être exaucés. Il faut obéir au destin et admirer le désordre qui est le visage troublé de l'ordre.

J'ai pensé quelquefois que Tu étais la même que cette Vierge Marie qui vivait dans une ville Juive parmi les hommes coléreux et familiaux de la tribu de Jéhovah. Le grand mystère des Dieux est dans la variété infinie de leurs incarnations. Je préfère à présent ne pas Te rabaisser avec une apparence humaine. Je t'invoque comme Océan de Lumière, ineffable bonté, délectation de l'Esprit.

Ô Mère du Monde, c'est un autre mystère que, bien que Tu n'aies pas de forme, Tu sois présente à côté de moi et que Tu souris. Car Tu es bienveillante et douce. Le dernier mot de la vie est: Bienveillance. L'homme ne le comprend que tard. C'est là Ton énigme et elle est bien difficile à déchiffrer. O Sagesse du Monde, puissé-je être bien assuré de la bienveillance des lois qui régissent les transformations, lorsque viendra le soir prochain ou Tu me tendras le nénuphar à huit pétales et où les deux candélabres s'éteindront silencieusement!

Ô, Dieu qui est en moi, Tu es le seul que je veux adorer désormais. Lorsque j'ai su que Tu avais choisi mon âme pour résidence et que j'étais Dieu, je me suis mis à courir comme on le fait sous le coup de l'émotion, quand on apprend une nouvelle très importante. Je courais lentement, la notion de Dieu en soi ne vient qu'assez tard, quand l'âge a alourdi les membres et que la course est malaisée.

C'était l'été sur une terre ensoleillée et proche de la mer. Et comme je courais, je croisai des arbres immobiles, un grand insecte verdâtre sur le tronc de l'un d'eux, un chien assis et un puits avec sa margelle de pierre. Et je compris que tout était Dieu. Je n'avais pas besoin de courir. J'étais arrivé.

La divinité de l'insecte était éclatante et indiscutable. Était-ce bien là une mante religieuse? À quoi bon savoir son nom? Elle était

Dieu. Si j'en avais douté, je l'aurais vu à ce grand couperet avec lequel elle devait tailler les êtres à son échelle. Et les pins, avec leurs gouttes de résine sur leur écorce, comme des larmes ! Les Dieux pleurent-ils ? Pourquoi pas ? Et le chien avec la tristesse de sa songerie et sa grande bonté qui ne se lasse pas et son pardon pour toutes les offenses ! Et le puits avec son immense soupir, cette haleine qui vient des profondeurs incommensurables de la terre divine.

Les pins immobiles, le chien triste, le puits énigmatique, ils sont tous Dieu, ils sont mes frères. Mais non, car la fraternité est une séparation et presque tous les frères sont ennemis, du moins à une minute de leur vie. Ils sont moi-même. Nous sommes de la même substance, absolument semblables. En ouvrant un tiroir de la pièce appelée salle à manger dans la maison que j'habite, je trouverai un couperet pareil à celui de l'insecte ; je porte en moi toutes les méditations du chien et j'ai une réserve de larmes aussi grande que celle de tous les arbres de la forêt.

Ô Dieu Unique, il n'est pas besoin de T'appeler, puisque Tu es partout et que Tu es en moi. J'ai compris pourquoi, chez les hommes antiques, on ne pouvait prononcer sans blasphème les syllabes de Ton Nom et pourquoi la suprême invocation doit être silencieuse.

Discovery
Publisher

—— Les Éditions **Discovery** est un éditeur multimé-
dia dont la mission est d'inspirer et de soutenir la transformation personnelle, la croissance spirituelle et l'éveil.
Avec chaque titre, nous nous efforçons de préserver la
sagesse essentielle de l'auteur, de l'enseignant spirituel,
du penseur, guérisseur et de l'artiste visionnaire.